Andreas Meyer

Nietzsche und Dionysos

Eine Suche nach den Quellen des Lebens – Die Dionysos-Mysterien

Originalausgabe 2015

Umschlagbild: Die Meerfahrt des Dionysos. Attische Trinkschale des Exekias, um 550/540 v. Chr., München, Staatliche Antikensammlungen.
Umschlagentwurf: © UlinneDesign, Neuenkirchen
Satz: IL-Verlag
ISBN: 978-3-906240-13-8

Andreas Meyer

Nietzsche und Dionysos

Eine Suche nach den Quellen des Lebens
Die Dionysos-Mysterien

Mit einer Einführung von Jochen Kirchhoff und
14 Bildern aus dem Nietzsche-Zyklus von Jobst Günther

Inhalt

Die Meerfahrt des Dionysos, Jobst Günther

Vorwort

Das Verständlichste an der Sprache ist nicht das Wort selber, sondern Ton, Stärke, Modulation, Tempo, mit denen eine Reihe von Worten gesprochen werden – kurz die Musik hinter den Worten, die Leidenschaft hinter dieser Musik, die Person hinter dieser Leidenschaft: alles das also, was nicht g e s c h r i e b e n werden kann.

Friedrich Nietzsche (KSA, 10, 89)

Wenige Denker nur üben eine so ungebrochene Faszination auf die sogenannte Nachwelt aus wie Friedrich Nietzsche, der „Philosoph mit dem Hammer", der Wagner-Freund und -Gegner, der Sprachvirtuose, der „Einsiedler von Sils-Maria", der Extremist und Experimentator des Geistes, der schließlich im Januar 1889 in Turin zusammenbricht und weinend ein Pferd umarmt. Der ein schauriges Schicksal erleidet, hineingetrieben oder -gerissen in den Wahnsinn (von wem? wodurch?). Nietzsche ist immer eine Herausforderung. Wer sich auf ihn einlässt, kommt nicht ungeschoren davon. Nur wer sich der Glut seines Denkens wirklich öffnet (und das ist nicht möglich, ohne sich verwunden zu lassen), „hat etwas davon", um es alltagssprachlich zu fassen. Das bedeutet keineswegs, dass man ihm zustimmen muss, ob nun partiell oder in Gänze. Aber Blessuren erleidet jeder bei intensiver und „mitsinniger" Lektüre. Martin Heidegger sagt einmal, Nietzsche habe ihn ruiniert (!). Das sollte man ernstnehmen. Es muss nicht der Ruin sein. Aber es geschieht etwas, wenn man nicht gleich die jeweils eigene Ideologie dagegen in Stellung bringt, als Rüstung sozusagen, um die Pfeile Nietzsches nicht erleiden zu müssen, die es eben immer gibt neben den Beglückungen und Ekstasen im einsamen Schmöckern …

Jochen Kirchhoff

Friedrich Nietzsche (1844-1900) ist nicht nur eine fortwährende existenzielle Herausforderung, sondern in verschiedener Hinsicht nach wie vor ein Rätsel. Ein Rätsel, das trotz tausender philologischer, philosophischer und psychologischer Untersuchungen und Analysen stets Fragen offen lässt und sich einer Lösung entzieht, entwindet, ja sich verbirgt. Zu diesen Fragen gehört die Rolle und Funktion des Dionysos in Nietzsches Leben und Werk. Warum verfolgte Nietzsche die Thematik des Dionysos und des ‚Dionysischen' von seinem Erstlingswerk *Die Geburt der Tragödie* bis in die Zeit seines Wahnsinns, in dem er mit *Dionysos* unterschrieb und in dem Cosima Wagner zu seiner *Ariadne* wurde? Warum stellt Dionysos die wesentliche Konstante seines Werkes dar bis hin zur Erschaffung einer ‚Lebensphilosophie im Zeichen des Dionysischen'? Wer ist überhaupt *Dionysos* und welche Rolle spielen in diesem Zusammenhang die dionysischen Mysterien?

Im vorliegenden Buch soll der Versuch unternommen werden, Nietzsches ‚Lebensphilosophie' und sein persönliches Seelendrama im Zusammenhang mit Dionysos und ausgehend von seiner Tragödienschrift zu untersuchen. Dazu wird dem Leser zunächst zugemutet, die Entstehung der *Geburt der Tragödie*, des Gegensatzpaares ‚Dionysisch-Apollinisch' und die Herkunft des Dionysos-Mythos nach philologischer Methode zu untersuchen, zu analysieren und sich mit den Vorläufern und Quellen zu befassen. Nietzsches Hoffnung auf eine Wiedergeburt der Tragödie und seine Kultur-, Wissenschafts-, und Religionskritik hatten zwar aufs engste mit Schopenhauer, Wagner und dem Griechentum zu tun; aber nicht nur. Waren seine Hoffnungen, sein Sehnen und Leiden nicht möglicherweise Produkte eines schon früh einsetzenden Wahnsinns? Bestand ein innerer Zusammenhang zu den griechischen Mysterien?

Um einem Verständnis dieser Rätselfragen näherzukommen, werden Nietzsches Selbstverständnis und Mission sowie sein Lebensbegriff aus seinem Gesamtwerk heraus analysiert und sein Leidensweg bis hin zum Wahnsinn tiefer beleuchtet. Dabei mögen sich intime Zusammenhänge zum Dionysos-Thema zeigen. Schließlich werden wir verfolgen, welche ‚Wiedergeburt' Nietzsche mit seinem Impuls zur ‚Rettung der Kunst und des Lebens' und der ‚Bändigung der Wissenschaft' im Blick hatte.

Friedrich Nietzsche ist zugleich eines der größten Seelenrätsel und „Ausstrahlungsphänomene der Geistesgeschichte" (Benn). Eine genauere Untersuchung seiner Rolle als Wegbereiter der Psychologie des 20. Jahrhunderts zeigt erstmals, wie dabei wiederum Dionysos eine entscheidende Rolle spielt und dass Nietzsches eigenes Seelen-Drama urbildhaft über ihn hinaus weit in die Zukunft weist. Er war der große Kritiker, Fragensteller und Vor-Leider von Menschheitsfragen und -themen, die nach wie vor, und zum Teil überhaupt erst in unserer Zeit, hoch aktuell sind.

Indem Nietzsche der Welt den Dionysos zurückbrachte und nach den Quellen des Lebens und des Menschseins suchte, führte er bestimmte Ströme und Kräfte der Vergangenheit in die Gegenwart und Zukunft, die von größter Bedeutung sind.

Ströme und Kräfte ist auch das Motto, das Jochen Kirchhoff seiner Einführung zum Nietzsche-Zyklus von Jobst Günther voranstellt. In den Bildern zu Friedrich Nietzsche verwebt Jobst Günther die Vergangenheit mit der Gegenwart. Er eröffnet damit neue Blicke und fordert die eigene, schöpferische Reflexion durch den Betrachter heraus. So finden wir etwa das Schiff des Dionysos, aus einer attischen Trinkschale, in seiner *Meerfahrt des Dionysos* als Motiv wieder. In der Begegnung, im Gespräch mit den Formen, Farben und Motiven der Bilder entsteht eine Bewegung, ein Lauschen, ein Zeiterleben, das Vergangenheit in uns vergegenwärtigt und – vielleicht – verborgene, mit dem Verstand schwer zu erschließende Schichten von Nietzsche erschließen kann.
Eine solche Enthüllung tiefster Einsichten in die metaphysische Urerfahrung des Menschen durch die Kunst, wäre wiederum ganz im Sinne Nietzsches.

Andreas Meyer,
Berlin, im Mai 2014

Friedrich Nietzsche 1869, Privatsammlung

Einführung

Kehr wieder Gott, dem Pentheus einst erlag.
Du Gott der Feste und der Jugendzeit.
Kehr wieder aus des Waldes grünem Reich.

Kehr wieder, Gott, Erlösung, rufen wir.
Erlöse uns vom Kreuz und Marterpfahl.
Tritt aus dem Walde. Finde uns bereit.

Wir wolln dir wieder Tempel bauen, Herr.
Wir wollen Feuer an die Kirchen legen,
Vergessen sei des Lebens Traurigkeit.[1]

Georg Heym (1887-1912) bezieht sich in seinem Gedicht *Dionysos* von 1910 direkt auf Nietzsches Antithese von Dionysos und Christus, beklagt den Untergang der griechischen Götter und Kultur und sehnt die Wiederkehr des Dionysos und den Sturz seines Widersachers herbei. Damit spricht Heym ein zentrales Thema der Philosophie Nietzsches an, das er in seiner *Geburt der Tragödie* ausführlich entwickelt. Wir müssen deshalb die Entstehungsgeschichte und Voraussetzungen seiner Tragödienschrift einer genaueren Analyse unterziehen.

Das Grundelement der ganzen Argumentationsstruktur in *Die Geburt der Tragödie*, das Nietzsche im 1. Kapitel selbst zu den „allgemeinen Voraussetzungen" zählt und damit die Koordinaten absteckt, ist die Gegenüberstellung des Apollinischen und des Dionysischen sowie deren psychologische wie physiologische Analogisierung durch Traum und Rausch. In der Rückführung auf das philosophische Grundkonzept Schopenhauers, in dessen Hauptwerk *Die Welt als Wille und Vorstellung*, erscheint das „Apollinische" als allegorische Mythologisierung der „Vorstellung" und das „Dionysische" als die des „Willens."[2] Anhand dieser Begriffe erklärt Nietzsche äußerst vielschichtig die Merkmale der griechischen Kunst. Seine Intentionen verbinden sich dabei aufs engste mit den Anregungen, die er durch Wagners Unterscheidung von Oper und Drama sowie dessen Ästhetik des ‚Gesamtkunstwerks' empfing. Starken Eindruck machte auf ihn auch die Philosophie Arthur Schopenhauers

(1788-1860) und er sah sich verbunden mit der „auf Schopenhauers Bahnen wandelnden Philosophie" (KSA, DW, 1, S. 572). Gelehrtes Wissen aus der klassischen Philologie wurde mit Thesen aus Wagners Schriften, Elementen aus dessen Kompositionen, der Philosophie Schopenhauers (an dem sich auch Wagner weltanschaulich orientierte) sowie kulturkritischen und musikhistorischen Exkursen verschmolzen und kombiniert, so dass ein äußerst facettenreiches Werk entstand.

Schon im Vorwort erklärt Nietzsche die Ausrichtung der ‚Geburt' der Tragödie auf Richard Wagner (1813-1883), durch dessen Musikdrama sich für ihn die ‚Wiedergeburt' der Tragödie ankündigt. Die Schrift sollte ein Beitrag zur Grundsteinlegung des Festspielhauses in Bayreuth im Jahre 1872 sein, worauf er auch im Schlusskapitel hinweist. In der Erstausgabe von 1872 wählte Nietzsche den Titel *Die Geburt der Tragödie aus dem Geiste der Musik*. In der im Jahr 1886 erschienen Neuausgabe stellte er den *Versuch einer Selbstkritik* voran und fügte zum Titel *Die Geburt der Tragödie* den Untertitel *Oder Griechenthum und Pessimismus* hinzu.

Wilhelm Friedrich Ritschl

Mazzino Montinari, der Hauptherausgeber der kritischen Nietzsche-Ausgabe, bezeichnete *Die Geburt der Tragödie* als „Nietzsches schwierigstes Werk" (KSA 1, S. 902). Ein Teil der Schwierigkeiten ergibt sich allein daraus, dass Nietzsche eine Reihe ursprünglich selbständiger Vorträge zu einem größeren Werk verschmolz. Er versuchte dabei heterogene Bereiche zu harmonisieren, revidierte, fügte Neues ein, schrieb Überleitungen und schuf so, wie er es selbst in einem Brief nannte, ein Mischwesen: einen „Centauren". Nietzsche selbst nannte sein „unmögliches Buch" im späteren *Versuch einer Selbstkritik*, „ein Erstlingswerk auch in jedem Schlimmen Sinne des Wortes" (KSA, GT, 1, S. 13). Doch trotz aller Prägungen und Einflüsse und angesichts aller empfangenen geistigen Impulse: Er war ein originärer und freier Denker.

Erwin Rhode

Aufgrund einer Empfehlung seines Leipziger Lehrers Friedrich Wilhelm Ritschl (1806-1876) wurde Nietzsche am 10. Februar 1869, noch vor Promotion und Habilitation, außerordentlicher Professor der Klassischen Philologie an der Universität Basel. Am 28. März 1870 schrieb Nietzsche an Ritschl, er fühle „überall in Grundanschauungen usw. ein Wachsen [...], das mir eine gute Frucht verkündet" (KSB 3, Nr. 68, S. 110, Z. 36 f.). Seinem Freund Erwin Rhode (1845-1898) teilte er am gleichen Tag mit, er nähere sich „einer Gesammtanschauung des griechischen Alterthums, Schritt für Schritt und zaghaft erstaunt" (KSB 3, Nr. 69, S. 112, Z. 60-62).

Jakob Burckhardt

Den kometenhaften Aufstieg Nietzsches kommentierte Jakob Burckhardt (1818-1897), der zur selben Zeit wie Nietzsche in Basel unterrichtete, mit den Worten: „ ... einen solchen Lehrer habe Basel noch niemals besessen."[3] Ritschl selbst schrieb an

Friedrich Nietzsche 1867

Nietzsches Amtsvorgänger Adolf Kießling: „So viele junge Kräfte ich auch seit nunmehr 39 Jahren unter meinen Augen sich habe entwickeln sehen: *noch nie* habe ich einen jungen Mann gekannt resp. in meiner disciplina nach meinen Kräften zu fördern gesucht, der *so* früh und *so* jung schon *so* reif gewesen wäre, wie dieser Nietzsche."[4]

In seinen Basler Jahren und auch in seiner Antrittsvorlesung von 1869 („Homer und die klassische Philologie") befasste sich Nietzsche intensiv mit Homer, Hesiod und den Vorsokratikern. Wie Homer in seinen Epen, wählte er in seiner *Geburt der Tragödie* eine künstlerische Form der Darstellung und der kritischen Erkenntnis. Allerdings kannte Nietzsche, im Gegensatz zu Homer, den wissenschaftlich-philologischen Geist. Als er seine *Geburt der Tragödie* Anfang 1872 veröffentlichte, distanzierte er sich damit, als gerade 27-jähriger Philologieprofessor, von der wissenschaftlichen Philologie und altphilologischen Vorstellungen.

Wissenschaftlich-philologisch wusste Nietzsche also genau was er mit der Veröffentlichung seiner Erstlingsschrift tat. Ob er die Wirkung und die Schwierigkeiten ahnte, die dadurch heraufbeschworen wurden, bleibt zu bezweifeln. Wer oder was brachte ihn dazu? Wieso beschäftigte sich Nietzsche bis zuletzt, in den letzten Briefen des Jahreswechsels 1888/89, und bis in die wahnhafte Identifikation immer wieder mit Dionysos?

Zweifellos entsprang Nietzsches „Welterkenntnis im Medium der Kunst, [...] einem Grenzbewusstsein des wissenschaftlichen Geistes"[5]. Entsprechend wurde die Wissenschaft in verschiedenen Kontexten zum Problem und ebendieses Bewusstsein hat Nietzsche rückblickend in seinem „Versuch

Original-Titelblatt der „Geburt der Tragödie" von 1872

einer Selbstkritik" als den tragenden Grund seiner *Geburt der Tragödie* bezeichnet (KSA, GT, 1, S. 13 f.). Spätestens seit dem Frühjahr 1871 war die Entfremdung von der Philologie in Nietzsche bereits so weit vorangeschritten, dass hinter dem Philologen der Philosoph erschien; bisherige Narrative verwandelten sich in Philosophie, Theologie, kulturwissenschaftliche Fragen und historisch gestützte psychologische Thesen. Am 29. März 1871 schrieb er in einem Brief an Erwin Rhode:

> Von der Philologie lebe ich in einer übermüthigen Entfremdung, die sich schlimmer gar nicht denken läßt. Lob und Tadel, ja alle höchsten Glorien auf dieser Seite machen mich schaudern. So lebe ich mich allmählich in mein Philosophenthum hinein und glaube bereits an mich; ja wenn ich noch zum Dichter werden sollte, so bin ich selbst hierauf gefaßt [...]. Bald sehe ich ein Stück neuer Metaphysik, bald eine neue Ästhetik wachsen. [...] Ich lerne bereits nichts mehr, was nicht sofort in irgendeinem Winkel des Vorhandenen einen guten Platz vorfindet. (KSB 3, Nr. 130, S. 190)

Der Weg des Autors, so unterschiedliche Themen wie die Entstehung der griechischen Tragödie aus dem Chor, das Thema des Sokrates sowie

Richard Wagners Musik und Musiktheorien in einem Werk zu verschmelzen, musste auf erhebliche Schwierigkeiten stoßen.[6] Die Vieldimensionalität seines Werkes verlangt dem Leser einiges ab; doch öffnet sie bis heute neue Deutungs- und Verständnisebenen.[7] Um Nietzsche gerecht zu werden, ist von vornherein Interdisziplinarität und eine besondere hermeneutische Reflexion notwendig. Er selbst suchte leidenschaftlich danach, eine hermeneutische Alternative zur historischen Altertumswissenschaft zu liefern, auch wenn er das Wort „Hermeneutik" an keiner Stelle seines Werkes verwendet. Dennoch kann Nietzsches Philosophie als eine praktisch-hermeneutische angesehen werden, im Sinne von Hans-Georg Gadamer (1900-2002), der Hermeneutik als eine praktische Philosophie betrachtete.[8] Paul Ricoer (1913-2005) urteilte diesbezüglich, dass mit Nietzsche „die gesamte Philosophie Interpretation"[9] und sogar zu einer „Interpretation der Interpretation"[10] geworden sei.

So vielschichtig wie die Tragödienschrift ist auch ihre Wirkungsgeschichte. Die wissenschaftliche Welt urteilte zunächst vernichtend, dann zurückhal-

Die Meerfahrt des Dionysos. Attische Trinkschale des Exekias, um 550/540 v. Chr., München, Staatliche Antikensammlungen.

tend. Selbst sein väterlicher Lehrer Ritschl schrieb an Wilhelm Vischer-Bilfinger (1808-1874) am 2.2.1872:

Es ist wundersam, wie in ihm [Nietzsche] geradezu zwei Seelen nebeneinander leben. Einerseits die strengste Methode geschulter wissenschaftlicher Forschung [...] anderseits diese phantastisch-überschwängliche, übergeistreich ins Unverstehbare überschlagende, Wagner-Schopenhauerische Kunstmysterienreligionsschwärmerei! [...] Das Ende vom Liede ist freilich, daß uns gegenseitig das Verständnis für einander fehlt; er ist mir zu schwindelhaft hoch, ich ihm zu raupenhaft erdenkriechend. (KSA 15/46 f.)

Erst seit etwa 1930 fand seine Frühschrift in der Philologie eine gewisse Anerkennung. Nachdem Nietzsche im 20. Jahrhundert weltanschaulich vereinnahmt wurde und ideologische wie politische Sprengkraft erhielt, nimmt er heute eine Schlüsselstellung für die moderne Kulturkritik ein. In der Gegenwart hält man seine Tragödienschrift, zwar nicht einhellig, aber dennoch für bedenkenswert und auch für die Gräzistik bedeutsam. Zugleich werden stets berechtigte, kritische Einwände erhoben.[11] Gottfried Benn (1886-1956)

Dionysos umgeben von Mänaden, Vorderseite der Spitzamphora des Kleophrades-Malers um 490 v.Chr. München, Staatliche Antikensammlungen 2344

nannte Nietzsche das „größte Ausstrahlungsphänomen der Geistesgeschichte."[12] Auch das „Dionysische" fand schließlich in der doch zuerst so ablehnend reagierenden Wissenschaft seinen Platz: in der Philosophie, Psychologie, in der Religionswissenschaft und sogar in der Altertumswissenschaft.[13]

Der Dionysos-Apollo-Mythos in der *Geburt der Tragödie* hat für Nietzsche neben der genealogischen auch eine geschichtsphilosophische, kulturkritische, anthropologische und vor allem autobiographische Funktion. Im Folgenden soll deshalb die Entstehung des Werkes im Hinblick auf die Dionysos-Thematik nachgezeichnet und die existenzielle Dimension in der Persönlichkeit Nietzsches herausgearbeitet werden.

Das Dionysische und Apollinische in der *Geburt der Tragödie*

Die Fortentwicklung der Kunst ist für Nietzsche an die Duplizität des *Apollinischen* und *Dionysischen* gebunden. Im ersten Kapitel seiner *Geburt der Tragödie* (KSA 1, GT)[14] charakterisiert er dieses Gegensatzpaar: „Diese Namen entlehnen wir von den Griechen, welche die tiefsinnigen Geheimlehren ihrer Kunstanschauung zwar nicht in Begriffen, aber in den eindringlich deutlichen Gestalten ihrer Götterwelt dem Einsichtigen vernehmbar machen." Die beiden grundlegenden „Kunsttriebe" bedingen sich wechselseitig und „sich gegenseitig zu immer neuen kräftigeren Geburten reizend", finden sie in der griechischen Tragödie zur Einheit. Das vor allem in der Musik sich verkörpernde Dionysische ist bei Nietzsche die Sphäre des Rausches, der Ekstase, des Übermaßes und überschäumenden Lebens, des Chaos und bacchantischen Tanzes. Durch die „wonnevolle Verzückung", den Einfluss des „narkotischen Getränkes" und des „lustvollen Nahen des Frühlings" erwachen unsere „dionysischen Regungen". Das Dionysische ist der Moment des Erwachens, der unverschleierte, schaurige wie lustvolle Blick in die Naturwirklichkeit und die dunklen, unmoralischen Prinzipien des Lebens. So können die Stumpfsinnigen, die das „glühende Leben dionysischer Schwärmer" nicht kennen, auch nur bedauert werden. Mensch und Natur feiern wieder ihr Versöhnungsfest unter dem Einfluss des Dionysischen (KSA 1, GT 29, 18-25):

> Unter dem Zauber des Dionysischen schließt sich nicht nur der Bund zwischen Mensch und Mensch wieder zusammen: auch die entfremdete, feindliche oder unterjochte Natur feiert wieder ihr Versöhnungsfest mit ihrem verlorenen Sohne, dem Menschen. Freiwillig beut die Erde ihre Gaben, und friedfertig nahen die Raubthiere der Felsen und der Wüste. Mit Blumen und Kränzen ist der Wagen des Dionysus überschüttet: unter seinem Joche schreiten Panther und Tiger.

Beethovens Vertonung von Schillers Gedicht *An die Freude* klingt in diesen Zeilen an. Im Schlusssatz von Beethovens Neunter Symphonie repräsentierte sich für Nietzsche das „Dionysische" in musikalischer Form.

Das sich in bildender Kunst, in bildhaft-plastischer Poesie und in der heiteren Götterwelt verkörpernde Apollinische steht für die Sphäre des Traumes und des Scheins, seiner ästhetischen und ethischen Vollendung, die schöne und sittliche Illusion des Maßes und der Besonnenheit, Klarheit, Individuation und Harmonie. Der „schöne Schein der Traumwelten" ist die Voraussetzung aller bildenden Kunst, denn Apollo ist der Gott aller bildnerischen Kräfte und zugleich der wahrsagende Gott; er beherrscht auch den „Schein" der inneren Phantasiewelt. Die plastische Befähigung des antiken Griechen ist der Ausdruck des träumenden Griechen im apollinischen Sinne. Der apollinische Traum ist von der Natur vorgegeben, als eine „Illusion, wie sie die Natur, zur Erreichung ihrer Absichten, so häufig verwendet", dafür geeignet, uns die Wahrheit hinter Lebensprozessen und Naturprozessen zu verschleiern.

Dabei unterscheidet Nietzsche zwischen dem „barbarischen" Dionysischen des asiatischen Kults mit Ausschweifung und Raserei und dem sublimen Dionysischen in Griechenland, das sich mit dem Apollinischen begegnet und versöhnt. Das Dionysische allein würde zu Chaos und Anarchie führen, die Dominanz des Apollinischen zu Erstarrung und Verhärtung.[15]

Beide „Kunsttriebe" brechen aus der Natur selbst hervor, befriedigen sich als Bildwelt des Traumes und als rauschvolle Wirklichkeit. Sie kämpfen miteinander und reizen „zu immer neuen kräftigeren Geburten", bis sie durch „einen metaphysischen Wunderakt des hellenistischen Willens mit einander gepaart erscheinen" und so das „ebenso dionysische wie apollinische Kunstwerk der attischen Tragödie erzeugen". Den „Kunstzuständen der Natur" gegenüber ist jeder Künstler Nachahmer, entweder „apollinischer Traumkünstler" oder „dionysischer Rauschkünstler". Die griechische Tragödie ist zugleich Rausch und Traum. Diese Versöhnung zweier Gegner, der Duplizität der beiden Kunsttriebe, ist für Nietzsche „das wichtigste Element in der Geschichte des griechischen Kultus". Der vollkommenste Ausdruck dafür ist die Musik. Die dionysische Musik erregte Schrecken und Grausen; die Musik des Apollo war „dorische Architektonik in Tönen" wie sie der Kithara eigen war. Der Strom des Melos und die Welt der Harmonie ist dionysische Musik. „Im dionysischen Dithyrambus wird der Mensch zur höchsten Steigerung aller seiner symbolischen Fähigkeiten gereizt". Der „dithyrambische Dionysosdiener" bricht durch rhythmische Tanzgebärden, mit einer „Gesamtentfesselung aller symbolischen Kräfte", in eine neue Sphäre der Entschleierung durch, die nur noch von „Seinesgleichen" verstanden werden kann. Der „apollinische Grieche" erlebt das Grausen, erkennt alles wieder und bemerkt, dass sein „apollinisches Bewusstsein" wie ein Schleier diese dionysische Welt vor ihm verdeckte.

Zugleich schafft der apollinische Traum die Formen und erst in der apollinischen Welt kommt es zum „epochalen Auftritt des Individuums"[16], das sich als solches erkennt. „Apollo, als ethische Gottheit, fordert von den seinigen das Maß und, um es einhalten zu können, Selbsterkenntnis." Der Moment des Erwachens aus diesem ästhetisch wie ethisch formeinhaltenden und formgebietenden Traum ist nun der Auftritt Dionysos. Das Dionysische ist ein Erlebnis, das alle Individuation durchbricht, bei dem sich „Jeder mit seinem nächsten nicht nur vereinigt, verschmolzen, sondern eins" fühlt und sich die Natur als ungeteiltes „Ur-Eines" offenbart. Der von allen Individuationen und Illusionen befreite Blick auf die Naturwahrheit ist aber ein folgenschwerer, denn jetzt ekelt man sich vor seiner Illusion, vor dem gewöhnlichen Leben und was man im Traum davon gehalten hat: „In der Bewusstheit der einmal geschauten Wahrheit sieht jetzt der Mensch überall nur das Entsetzliche oder Absurde des Seins."

> Singend und tanzend äußert sich der Mensch als Mitglied einer höheren Gemeinsamkeit: er hat das Gehen und Sprechen verlernt und ist auf dem Wege, tanzend in die Lüfte emporzufliegen. Aus seinen Gebärden spricht die Verzauberung. ... als Gott fühlt er sich, er selbst wandelt jetzt so verzückt und erhoben, wie er die Götter im Traume wandeln sah. Der Mensch ist nicht mehr Künstler, er ist Kunstwerk geworden. (GT, KSA 1, S. 30)

Der Künstler „teilt mit der apollinischen Kunstsphäre die volle Lust am Schein [...] und zugleich verneint er diese Lust und hat eine noch höhere Befriedigung an der Vernichtung der sichtbaren Scheinwelt". Die Kunst wird zu einem „metaphysischen Supplement der Naturwahrheit", da es ihr gelingt, das Hässliche, Sinnlose, Absurde ästhetisch reizvoll zu machen. Somit rechtfertigt sie in ästhetischer Hinsicht das Dasein, das sonst keine Rechtfertigung hat. Auch die Wissenschaft, die sich von der Kunst lossagte, wird selbst wieder kunstbedürftig. Zugleich handelt es sich bei den beiden ursprünglichen Kunsttrieben um zwei Seinsprinzipien, „deren Verschränkung und Dialektik Nietzsche durch die von ihm genannten Gestalten griechischer Kunst hindurch bis zur attischen Tragödie verfolgt".[17]

Der späte Nietzsche blickte in *Ecce homo* und in Nachlass-Fragmenten des Jahres 1888 auf die *Geburt der Tragödie* zurück (KSA 13, S. 224-230) und versuchte das „Dionysische" und „Apollinische" nochmals zu definieren (NL 1888, KSA 13, 14[14], 224, 8-23):

> Mit dem Wort ‚dionysisch' ist ausgedrückt: ein Drang zur Einheit, ein Hinausgreifen über Person, Alltag, Gesellschaft, Realität, als Abgrund des Vergessens, das leidenschaftlich-schmerzliche Überschwellen in dunklere vollere schwebendere Zustände;

ein Verzücktes Jasagen zum Gesammt-Charakter des Lebens, als dem in allem Wechsel Gleichen, Gleich-Mächtigen, Gleich-Seligen; die große pantheistische Mitfreudigkeit und Mitleidigkeit, welche auch die furchtbarsten und fragwürdigsten Eigenschaften des Lebens gutheißt und heiligt, aus einem ewigen Willen zur Zeugung, zur Fruchtbarkeit, zur Ewigkeit heraus: als Einheitsgefühl von der Nothwendigkeit des Schaffens und Vernichtens ... Mit dem Wort apollinisch ist ausgedrückt: der Drang zum vollkommenen Für-sich-sein, zum typischen ‚Individuum', zu Allem, was vereinfacht, heraushebt, stark, deutlich, unzweideutig, typisch macht: die Freiheit unter dem Gesetz.

Das Dionysische wie das Apollinische lässt sich zwar auf den Namen des jeweiligen Gottes zurückführen, wird jedoch zu einem Grundbegriff ästhetischer und künstlerischer Erfahrung. Zugleich wird es zu einer Wesensbestimmung des Ästhetischen, oder, wie Nietzsches es selbst treffend in *Ecce Homo* formulierte, „dessen erste Psychologie" (EH, GT 1, KSA 6, S. 310).

Doch woher nahm Nietzsche das Dionysos-Motiv und wer ist überhaupt dieser Gott Dionysos? Wieso greift Nietzsche gerade auf den Namen *dieses* Gottes zurück, er, der „viele neue Götter" für möglich hielt und die Erfahrung beschrieb: „Wie anders, wie verschieden hat sich mir jedes Mal das Göttliche offenbart!" (KSA 13, 17 [4] 5, Nachlass 1888)?

Dionysos

Zunächst einmal muss festgehalten werden, dass in der *Geburt der Tragödie* weniger von Dionysos als vielmehr vom Dionysischen als Grundbegriff der ästhetischen Erfahrung die Rede ist. Es ging ihm nicht so sehr um die mythische Figur des Gottes und keinesfalls um eine Wiederkehr des Gottes Dionysos in der Moderne. Vielmehr zielte er auf das durch ihn in die Welt kommende antizivilisatorische Prinzip, eine neue „Bahn zur Bildung und zu den Griechen" und ein modernes „Wiedererwachen des dionysischen Geistes".

Seine Vorstellung des „Dionysischen" schloss sich an einen schon seit der deutschen Romantik etablierten und auch in der von ihm benutzten Literatur des 19. Jahrhunderts weitergeführten Diskurs an und war keine neue Erfindung.[18] Allerdings ist die polare Konstellation der Begriffe „apollinisch" und „dionysisch" erst durch Nietzsches Tragödienschrift zu einem allgemeineren Bildungsgut geworden. Die Polarität der Götter Apollon und Dionysos und der davon abgeleiteten Adjektive ‚apollinisch' und ‚dionysisch', gab es jedoch schon vor Nietzsche. Sie erschienen bereits in der Antike bei dem bis weit in die Neuzeit hinein vielgelesenen Plutarch (etwa 45 bis 125 n. Chr.) in dessen Schrift *Über das E in Delphi*. Plutarch, der mehr als 20 Jahre lang als Apollonpriester in Delphi wirkte, verfasste mehrere Schriften über den delphischen Gott, sein Orakel und zu Rätseln wie dem großen *E* an der Front des Apollon-Tempels. Plutarch hat bereits den Gegensatz von *agrionios* (ἀγριώνιος „der Wilde") und *meilichios* (μειλίχιος „der Milde") betont. Nietzsche nahm dieses Motiv auf. Er ging auch auf die jahreszeitlich geregelte, kultische Ordnung in Delphi, wo der während der Sommermonate aktuelle Kult des Apollon sich mit dem des Dionysos (dem Gott der Wintermonate) abwechselte, in der Vorstufe seiner Tragödienschrift, *Die Geburt des tragischen Gedankens*, dezidiert ein (KSA 1, 584, 14-18).

Doch woher stammt dieser Mythos? Bereits im 8. Jh. v. Chr. berichtete Homer in der *Ilias*, dass der thrakische König Lykurgos durch seine Verfolgung des Dionysos und der Mänaden gegen die Götter frevelte und deshalb sterben musste.[19] Der Dionysos-Mythos reicht wahrscheinlich bis in das zweite Jahrtausend v. Chr. zurück und zeigt damit, dass Dionysos ein alter Gott ist. Neben den Dionysika von Nonnos[20] ist der längste erhaltene Text klassischer Zeit über Dionysos von Euripides verfasst. Seine Bakchen wurden vermutlich zuerst 405 v. Chr. bei den Großen Dionysien in Athen aufgeführt. Er beschreibt darin, wie die Mänaden – zumeist Frauen aus den ersten Familien Athens – bei den Dionysien den Kult ausüben. Nach der Schilderung Diodors „opfern die Frauen, in Scharen geteilt, dem Gott und schwärmen und schwärmen und lobsingen dem ihnen erschienenen Dionysos, und sie ahmen die Mänaden nach, welche von alters die Begleiterinnen des Gottes gewesen sein sollen".[21] Der Kult des aus der Fremde, vom Osten kommenden Gottes, gewährte den Frauen im Kult große Freizügigkeit. Die im Dionysoskult praktizierten Rituale widersprachen der traditionellen Rolle der Frauen und stießen deshalb oft auf große Widerstände. In Rom wurde im Jahr 186 v. Chr. sogar ein Gesetzt zum Verbot der Bacchanalien erlassen.[22]

Senatsbeschluss über die Bacchanalien, Bronzetafel, 2. Jh. v. Chr., Wien, Kunsthistorisches Museum

Die Dionysoskulte waren weit verbreitet, sind aber in Delphi und Athen besser bezeugt als an anderen Orten. Nicht nur in Griechenland, sondern überall in Europa standen Dionysos geweihte Kultstätten und auch die orphische Tradition stand mit ihm in Verbindung.[23] Der frühchristliche Schriftsteller Tatian berichtete in seiner 176 n. Chr. geschriebenen *Oratio ad Graecos*, (Ἐπιστολὴ πρὸς Ἕλληνας / *Rede an die Griechen*), dass man im Tempel von Delphi das Grab des Gottes zeigte.[24] Die winterlichen Feste des Dionysos in Delphi fanden alle zwei Jahre statt und waren die ältesten in Griechenland. Dorthin zogen auch Frauen aus Athen, die über Daphne und an Eleusis vorbei nach Delphi kamen. An manchen Ortschaften wie dem Weinort Oinoe gab es Tanzplätze für die Eingeweihten, die dort für Dionysos tanzten. Um an den Tänzen teilnehmen zu können, musste man in die Mysterien des Bacchus eingeweiht sein und das Schweigegelübde ablegen.[25] Die Mysterienfeste waren fest in der Kultur des antiken Griechenlands verankert. Nach der Auffassung von Edouard Schuré erschuf Griechenland drei für das Leben notwendige Künste: „1. Die Gymnastik für die Schönheit des Körpers; 2. Die Tragödie für die Läuterung der Seele durch den Schmerz; 3. Die Mysterien für deren Befreiung und Erhebung zur höchsten Wahrheit."[26] Der römische Prokonsul von Griechenland, Praetexatatus, schrieb dem römischen Kaiser Valentinian I. im Jahre 364 n. Chr., als dieser alle heidnischen Mysterien verbieten wollte, dass das Verbot dieser „das ganze Menschengeschlecht zusammenhaltenden heiligsten Mysterien [...] das Leben der Griechen unlebbar machen würde".[27]

Die rasende Mänade als Anhängerin des Dionysos, hat in Ekstase eine kleine Ziege zerrissen. Marmorrelief, Rom, Kapitolingische Museen Inv. 1094

Pausanias schilderte in seiner heiligen Erzählung[28], wie Euripiles, der Anführer der thessalischen Truppen, ein dunkles Los zog, als die griechischen Helden die Beute und die Gefangenen Trojas aufteilten. Von der Schwelle der brennenden königlichen Schatzkammer aus warf die zürnende Kassandra den Eroberern einen seit alters verschlossenen Schrein aus der Arbeit des Hephaistos vor die Füße, den einst Zeus dem alten Dardanos, dem Erbauer Trojas, zum Geschenk gemacht hatte. Nach dem Willen des Zeus ging dieser uralte Schrein, als Kriegstribut und Unterpfand der göttlichen Vaterschaft, an die Thessalier. Die Kameraden des Euripiles versuchten vergeblich, ihn vor den Ränken der rasenden Seherin zu hüten und rieten ihm, sein Geschenk auf dem Grund des Skamander zu versenken. Doch Euripiles brannte darauf, das Geheimnis des Schreins kennenzulernen, trug ihn fort und öffnete ihn. Noch beim Schein des Brandes von Troja sah er darin einen Bartlosen in einem Sarg, mit Zweigen umkränzt. Es war ein aus dem Holz des Feigenbaumes angefertigtes Idol des Herrschers Dionysos, in einem altertümlichen Gewand. Kaum hatte der Held das Bildnis des Gottes erblickt, verwirrten sich ihm die Sinne. Euripiles kam aus seinem Wahn nur noch zeitweilig zu sich und wir erfahren, dass er vom Ufer des Ilion wegfuhr, um schließlich im delphischen Hafen Kyrra anzukommen, von wo aus er beim Dreifuss des Apoll Rat suchen wollte. Die Pythia versprach ihm Heilung und eine neue Heimat an einer Küste, wo er ein fremdartiges Opfer sehen und einen Schrein aufrichten würde. Vom Wind an die Küste Achaias, in die Nähe von Patras getrieben, sah Euripiles einen Jüngling und ein junges Mädchen, die als Opfer zum Altar der Artemis Triklaris geführt wurden. Er erkannte den ihm verheißenen Ort und die Einwohner ihn als den ihnen verheißenen Erlöser von der Pflicht der Menschenopfer. Sie erwarteten gemäß den Worten des Orakels einen fremden König, der ihnen in einem Schrein einen ihnen unbekannten Gott bringen würde. Nachdem Euripiles die blutigen Opfer für die wilde Göttin abgeschafft und sie im Namen seines von ihm verkündeten Gottes durch wohltätige ersetzt hatte, wurde er von seinem Leid geheilt. Er starb als Held und Schutzpatron eines befreiten Volkes, nachdem er den Dionysos-Kult eingeführt hatte.

Kaum einer der griechischen Götter war den Menschen so nah erlebbar wie Dionysos, sowohl in der gesellschaftlichen wie kultischen Praxis. Jedoch wissen wir vom Dionysos-Kult lediglich aus zwei verschiedenen Quellengruppen: Aus den Texttraditionen und den sogenannten Überresten aus archäologischen Funden, wie Vasenfunden, Grabbeigaben und Münzen.[29] Insofern sind alle modernen Darstellungen antiker griechischer Religion und Kulte Rekonstruktionsversuche und je nachdem wie man die Quellen befragt, erhält man unterschiedliche Antworten und Rekonstruktionen.[30] Deshalb wird die Stellung des Dionysos in der antiken griechischen Kultur bis heute von Religionshistorikern unterschiedlich beschrieben. Er hatte den Menschen die Kultur des Weinbaus, den „leidstillenden Weinstock", gebracht, wie es in den *Bakchen* des Euripides um 400 v. Chr. heißt. Zugleich war er selbst die Verkörperung des Weins und „Man spendet ihn den Göttern, ihn, den Gott des Weins".[31] Der Name Bacchus war dabei lediglich ein volkstümlicher Aspekt seines ursprünglich wilden und finsteren Wesens in den alten thrakischen Kulten.[32] Seine Funktion geht aber weit über die Reduktion auf den „Gott des Weines" hinaus.

Das Bild des Dionysos, den die Griechen seit dem 2. Jahrtausend v. Chr. kannten, war bereits in der Antike vielfältigen Wandlungen unterworfen. Der erscheinende Gott, dessen Einzug in die Polis bei offiziellen Festen gefeiert wurde, war der einzige Gott, der im Vollzug des Ritus gezeigt wurde. Er wird in antiken Bildern oft mit seinem Gefolge aus Mänaden, Nymphen und Satyrn dargestellt und er konnte ihm feindlich gegenüberstehende Menschen in Wahnsinn oder Ekstase versetzen. Neben seinen zentralen Wirkungsbereichen im Theater, im Wein, der Ekstase, in der Musik, im Tanz und in ausgelassener Sexualität, war er zugleich ein Mysteriengott.

Neben Dionysos war Demeter, die Göttin der Erde, der Fruchtbarkeit und des Ackerbaus, die wichtigste mit den Mysterien verbundene Gottheit. Sie wirkte mit ihm zusammen in Eleusis, wo ihr der zentrale Kult galt, und stand von allen griechischen Göttern Dionysos am nächsten. Nur Dionysos und Herakles wurden, als Geschöpfe aus der Verbindung einer Sterblichen mit einem Gott, in den Olymp erhoben. Schon die Geburt des Dionysos war ungewöhnlich. Seine sterbliche Mutter Semele, die Tochter des thebanischen Königs, wurde von Zeus selbst schwanger. Er wurde seiner noch schwangeren Mutter von Zeus entrissen, als diese vom Blitzstrahl des Zeus getroffen wurde. Zeus nahm das Kind zu sich, brachte sich eine tiefe Wunde bei und nähte sich die Leibesfrucht Semeles in seinen eigenen Schenkel. Nach drei Monaten öffnete er ihn wieder und brachte Dionysos hervor. Dionysos wird deshalb auch ‚der zweimal Geborene' genannt. Die Göttermutter Hera entbrannte vor Eifersucht auf dieses nicht von ihr stammende Kind und hetzte die Titanen auf Dionysos, die ihn zerrissen und die Stücke in der Welt zerstreuten. Pallas Athena rettete nur das Herz und brachte es dem Zeus, der Dionysos von neuem daraus formte.

In Bildern tritt uns Dionysos äußerst vielgestaltig und facettenreich entgegen, als alter, bärtiger Gott oder auch als jungendlicher Gott mit femininen Zügen. Durch seine Fähigkeit zur Metamorphose und Täuschung zeigte er sich den Menschen oft so unvermittelt, dass Ovid von ihm sagte, kein Gott sei „gegenwärtiger" als er (Ovid, Metamorphosen, 3, 658 f.). Die Vielgestaltigkeit des Dionysos, den schon die thebanischen Alten in der *Antigone* mit dem Vokativ „Vielnamiger" (πολυώνυμε) anriefen und dessen Facettenreichtum sich auch in der nachantiken Geistesgeschichte fortsetzt, spiegelt sich in seinen vielen Beinamen. Diese beziehen sich teils auf seine Eigenschaften, Funktionen, auf Orte oder Kultzusammenhänge. Dazu gehören[33]:

Agronius „Der Wilde von der Agronia"
Agrios „Der Wilde"
Aigobolos „der Ziegen-Schlächter", bei Potniai in Boiotien
Aisymnetes „der Kampfrichter"
Akratophoros „der Bringer, Träger des ungemischten Weins", in Phigaleia
Akroreites „der Bewohner der Bergkämme", in Sikyon
Aktaios „der an der Küste Gelegene, zur Küste, zum Ufer Gehörige", auf Chios
Alocheutos „der nicht natürlich Geborene", in Doura Europos / Syrien
Amphietes „der Alljährliche, der das ganze Jahr Wirksame, der in Jahresfesten Gefeierte"
Androgynos „der Mann-Weibliche, Hermaphrodit", in Suda
Antheus „der Blühende, der in Blüte Stehende", in Patrai
Anthios „der aus Blumen Bestehende, Stammende, Blumige", in Attika
Anthister „der das dionysische Blumenfest Anthereserien Feiernde", auf Thera
Anthroporrhaistes „der Menschenzerschmetterer, -zertrümmerer, -zerstörer", in Tenedos und Chios
Apatenor „der Täuscher"
Archagetas tas polios „der Gründer der Stadt", in Teos
Archebakchos „der Führer der Bakchoi in den Mysterien", in Seleukeia in Kilikien
Areios „der Kriegerische"
Aroeus „der Pflüger, Zeuger", in Patrai
Arsenothelys „der Hermaphrodit, der Mann-weibliche"
Asterios „der Stern (Anrufung als Knabe und Kind der Mysterien)"
Ates „der Verderben schickt"
Attis „die Verbindung mit dem phrygischen Hirtenjüngling Attis, der durch Selbstkastration ums Leben kommt, nachdem er von Kybele in Wahnsinn versetzt worden ist" (als mythische Projektion des kastrierten Mysterienpriesters)
Auloneus „von Aulon, der in höhlenartigen Gegenden, rohrartigen Schluchten, Tälern, Gräben Weilende", in Athen
Auxites „der Mehrer, der Wachstum bringt", in Heraia in Arkadien

Zeus begrüßt den neugeborenen Dionysos zwischen zwei Nymphen. Dionysos als künftiger Weingott und Stifter des Weinbaus trägt bereits einen Rebstock und sein Trinkgefäß, den Kantharos. Vasenbild, Attischer Glockenkrater, um 460 v. Chr., Ferrara, Nationalmuseum Inv. 2738

Sitzender Dionysos und stehender Satyr (Vasenbild), Apulischer Volutenkrater aus Ruvo, 360-340 v. Chr., Ruvo, Museum Jatta, Inv. 1431

Bild: Dionysos im Kampf gegen einen Giganten (Vasenbild), Attischer Kelchkrater aus Agrigent, um 460 v. Chr., St. Petersburg, Ermitage 1149

Die tanzenden und Wein schöpfenden Mänaden bereiten die Opferhandlung vor dem Kultbild des Dionysos vor, das aus einem mit dem Gewand des Dionysos und seiner Maske bekleideten Pfahl besteht. Vasenbild, Attischer Stamnos, um 420 v. Chr., Neapel, Nationalmuseum 2419

Tragödienszene bei der sich der Chor von sechs Männern mit Masken vor den Gesichtern zum Kultbild des Dionysos bewegt. Vasenbild, Attischer Kolonettenkrater um 480 v. Chr., Basel, Antikenmuseum BS 415

Rasender Dionysos (Vasenbild), Attische Pelike, 480-470 v.Chr., London, British Museum E 362.

Dionysos mit Kantharos in der Linken und vor ihm zwei Mänaden auf einer attischen Amphora des Amasis-Malers, um 530 v. Chr., Paris, Bibliothèque Nationale, Cabinet des Médailles Inv. 222

Bakchos „als Bezeichnung des Dionysos und seiner Diener sowie des heiligen Zweiges, den die Dionysosverehrer im Kult mitführen"
Basaros oder *Bassareus* „der im Wahnsinn sich wie ein Fuchs Gerierende, der Fuchshafte, der Bakchante im Fuchsfell"
Botrys „Traube", in Philippi
Bougenes „der Rindergeborene", in Argos
Briseus „der Wuchtige, Starke, vom Berg Brisa"
Bromios „der Lärmende, Rauschende, Tosende, Donnernde", im Hieron von Epidaurus
Charidotas „der Freudenspender", in Kyrene
Chlookarpos „der junge, frischgrüne Ernte hervorbringt"
Choiropsalas „der die weibliche Scham betastet, berührt, erregt, rupft, der Vergewaltiger", in Sikyon
Choreios „der Tanzende, der zum Chor Gehörige", in Athen und auf Paros
Choroitypos „den Boden im Reigen, Chor, schlagend, stampfend"
Chrysokeros „mit Hörnern aus Gold"
Chtonios „der Unterirdische"
Dasyllios „der die Weinstöcke dichtbelaubt macht", in Megara
Demosios „dem Volk oder Staat gehörend, öffentlich", in Tralles
Demoteles „auf Staatskosten lebend, öffentlich", in Athen
Dendreus „der Baumige, Buschige"
Dimetor „von zwei Müttern, zweimal geboren"
Dissotokos „zweimal geboren"
Dithyrambos „Dithyrambos", in Lampsakos
Doratophoros „der Speerträger"
Dyalos „der Tobende"
Eiraphiotes „der Bock, der Gott mit dem Wollflöckchen oder der Eingenähte"
Eleleus „der Wehruder, Leidzufüger, der Erschütterer", in Samos
Eleuthereus „der Gott aus Eleutherai, der befreit", in Eleutherai
Enagonios „im Wettkampf stehend, dem Wettkampf vorstehend", in Magnesia am Mäander
En Limnais „der in den Sümpfen", in Athen
Enorches „Bock, mit Hoden stehend, durch Tänze geehrte", auf Samos
Enyalios „der Name eines Kriegsgottes"
Epekoos „der Aufmerksame, der gute Zuhörer", auf Aigina

Epiphanestatos theos „der sehr epiphane Gott", in Antiochia
Erikepaios „Erikepaios vom Frühling, der Frühschlucker der früh an der Krippe steht"
Eriphios „zum jungen Bock, zur jungen Ziege gehörig", in Metapont
Eubouleus „der Wohlratene"
Euergetes „der Wohltäter"
Euios „Gott des Euoi-Rufes", in Pergamon
Eukarpos „der Schönfruchtige"
Eurybalindos „der Breiteichlinge, -feigige"
Eustaphilos „der Guttraubige", in Lebadaia
Geron „der Alte", auf Samos
Gorgyreus „von Gorgya, unterirdisches Gefängnis"
Gynaimanes „Frauen rasend machend, verrückt nach Frauen"
Halieus „der Seemann, Fischer"
Hebon „der Jugendliche, der in der Jugendblüte stehende", in Neapel
Hemerides „der Milde, Zahme, der den zahmen, kultivierten Weinstock geschaffen hat"

Zwei Frauen bringen Gaben zu einer Dionysosmaske, die in einer Getreideschwinge liegt. Choenkanne des Eretria-Malers, Athen, Nationalmuseum VS 318.

Hyes „der Beregner, der Befeuchter"
Hygiates „der Gesundmacher"
Iakchos „Iakchos, der auf den ekstatischen Iakche-Ruf hört"
Iatros „der Arzt"
Ieios „Geschrei, Klage, Stimme"
Iobakchos „mit Iobakchos in Verbindung"
Isodaites „der Zuteiler von Gleichem, der allen das Gleiche zuteilt"
Iyngies „der Wendehals, Wender"
Kadmeios „der Kadmische, der Kadmos", in Theben
Kallikarpos „der Schönfruchtige", in Mopsuestia in Kilikien
Kallon „schön", in Byzanz
Kalydonios „der Kalydonier", in Patrai
Karpios „der Fruchtige, Fruchtbringende, Nieswurz", in Larissa
Katharsios „der Reinigende"
Kathegemon „der Führer", in Teos
Kemelios „Rehkitz", bei Alkaios
Kisseus „der Efeuige", bei Aischylos
Kolonatas „der Hügelige", in Sparta
Kresios „der Kretische"
Kryptos „der Verborgene"
Lampter „der Leuchter, die Fackel, Laterne", in Pellene
Laphystios (vom Berg Laphystion) „der Schlucher, Schluckspecht, Schlemmer"
Leibenios „der Gießer, Weingießer, Trankopfer-Ausgießer"
Lenaios „der Lenäer, Rasende, der für die Lenäen Verantwortliche", in Mykonos
Liknites „der mit der Getreideschwinge" (in den Mysterien dient die Getreideschwinge als Wiege der Wiedergeburt)
Limnagenes „der Sumpfgeborene, der Sumpfige, der in Limnai Geborene", in Athen.
Lysios, Lyaios oder *Lyäus* „der Sorgenbrecher, der Lösende, Befreier", in Korinth und Sikyon
Lythirambos „löse das Eingenähte", als Ausruf von Zeus bei der Schenkelgeburt von Dionysos
Mainomenos „der Rasende"
Mantis „der Seher, Begeisterer"
Meilichios „der Sanfte, Milde, Freundliche", auf Naxos

Melanaigis „mit der schwarzen Aigis, mit dem schwarzen Fell“, in Athen
Melpomenos „der im Chor singt und tanzt“, in Athen
Merorraphes „der in den Schenkel Genähte“
Mesateus „vom Kap Mesate, der Mittler“, in Patrai
Methymnaios „der Rauschtrinker, Weinbeschwerter, von Methymna“, aus Lesbos
Morychos „der Beschmierte, mit Weinlese Geschwärzte, unwohl“, in Sizilien
Mousagetes „Führer der Musen“, auf Naxos
Mystes „der Myste, der Eingeweihte, der Augen und Mund verschließt“
Neos „Neu“, auf Aigina und im ägyptischen Philae
Nyktelios „der nächtliche seine Riten feiert“, in Megara und Delphi
Nyseus „der vom Berg Nysa“
Oikouros „der Hauswächter“
Omadios „der Rohe, der Rohfleischesser“, auf Chios und Tenedos
Omphakites „die unreife, saure Weintraube, der saure Wein“
Oreios „der in den Bergen wohnt“
Orsigynaika „der Frauen erregt“
Orthos „der Aufrechte, phallisch Erigierte“
Paideios „der Knabenhafte, der Tänzer“, in Athen
Paionios „der den Paian Betreffende, Paiansinger“
Pais Lethes „Kind der Lethe, des Vergessens“

Dionysos als Weintraube. Fresko aus der Casa del Centenario in Pompeji, um 50 v. Chr., Neapel, Museo Archeologico Nazionale

Parabolos „der Opferer wieder Norm, der Fischfänger mit der Lanze, mit dem Steinwurf“
Parapaizon „der Spieler, der im Rausch provoziert und verspottet, der Übertänzer“, in Eleusis
Patroos „der väterlichen Sippe zugehörig“, in Megara
Pelaigos „zum Meer gehörig, der im Meer Lebende“, in Pagasai
Perikionios „der mit Säulen Umgebende, das Säulenidol, der Pfeiler“, in Theben
Phallen „Phallen aus Olivenholz, der Phallische“, in Methymna auf Lesbos
Phausterios „der Anzünder, Beleuchter“

Phigaleus „der aus Phigaleia in Arkadien"
Phleos „der Strotzende, Überfließende", in Priene
Ploutodotas „der Reichtumgeber"
Polemokelados „der Kriegstosende"
Polites „der Bürger", in Heraia
Polygathes „der viel Erfreuende"
Priapos „der Priap", in Lampsakos
Prinophoros „Träger der Steineiche"
Problastos „der Vorsprießer"
Proestos tes poleos theos „der Stadtvorsteher", in Teos
Propator „Gründervater, Vorfahre", in Erythrai
Pro poleos „vor der Stadt", in Magnesia, in Melos
Protrygaios „Vorernter, Vorweinleser"
Pseudanor „der falsche Mann", in Beroia
Psilax „der Kahle, Nackte, Glatte, Entblößte", in Amyklai
Pyrigenes „feuergeboren"
Sabazios „Sabazios der Weichling", aus Phrygien Thrakien
Saotas „der Retter", in Troizen
Semelios „der Semelesohn"

Dionysosmosaik. Dionysos trägt einen Thyrsosstab in der Hand und einen Weinkranz im Haar. Delos, Tessellatumpaviment von Hof E im sogenannten Haus der Masken B in der Theaterstrasse

Setaneios „der Heurige, der Getreidegott, Gott der neuen Ernte", in Teos
Skyllitas „Gott des Weinsprösslings, -setzlings, -zweigs", auf Kos
Sphaleotas „der zum Fallen, Straucheln bringt", in Delphi
Staphylites „der Traubenproduzent, Beschützer der Trauben"
Sykeates „zur Feige gehörig"
Tauros „Stier"
Theodaisios „der Gottzuteiler", nach dem Fest Thesodaisia, dem kretischen Namen für Dionysia
Theoinos „Gott des Weines"

Theos megas „der große Gott“, in Pamphylien
Thelymorphos „der von weiblicher Gestalt“
Thriambos „der Thriambos“, in Lampsakos
Thyllophoros „der Zweig-, Blätterträger“, auf Kos
Thyoneos „der Sohn von Thyone=Semele“, auf Kos
Zagreus „Zagreus“, als ursprünglich autonome Gottheit von den Orphikern mit Dionysos identifiziert
Zamenes „der sehr Kräftige, sehr Mutige“

Kampf des Dionysos mit den Indern. Römisches Mosaik aus dem 4. Jahrhundert, Tusculum.

Die Vielgestaltigkeit des Dionysos bezieht sich vor allem auf den antiken Gott. Zugleich ist er aber ein für die Moderne hochrelevanter Gott, wie die aktuelle Dionysos-Forschung und entsprechende Ausstellungen zeigen. Nietzsches Beitrag zur Dionysos-Forschung ist bis heute der wirkungsmächtigste. Nach wie vor sind die drei bedeutendsten deutschsprachigen Werke der Dionysos-Forschung bis heute Erwin Rhodes *Psyche. Seelencult und Unsterblichkeitsglaube der Griechen* (1890/1894), Walter F. Ottos *Dionysos. Mythos und Kultus* (1933)[34] und Friedrich Nietzsches *Die Geburt der Tragödie aus dem Geiste der Musik.*

Vorläufer der *Geburt der Tragödie*

Der *Geburt der Tragödie* gingen ab 1869 mehrere Entwürfe und Schriften voraus, zu denen *Das griechische Musikdrama, Sokrates und die griechische Tragödie, Die Tragödie und die Freigeister* und *Die Geburt des tragischen Gedankens* gehören.[35] Diese Aufsätze flossen in sein Werk mit ein. Am 18. Januar und am 1. Februar 1870 hielt Nietzsche im Baseler Museum zwei Vorträge unter dem Titel *Das griechische Musikdrama* (KSA 1, 515-532) und *Socrates und die Tragoedie* (KSA 1, 533-549), die erst später aus seinem Nachlass veröffentlicht wurden (Erstdrucke Leipzig 1926 und 1927).[36] Bereits in seiner Baseler Vorlesung, die er im Sommer 1870 auch privat Richard Wagner vortrug, vertrat er die Überzeugung, dass es mit den Mitteln der Philologie möglich ist, den musikalischen Rhythmus der Vergangenheit aufzudecken und diesen mit den eigenen Augen zu „hören" (KSA, GMD, 1, S. 515). Nietzsche erlangte seine Inspiration für ein Verständnis des griechischen Musikdramas aus den Texten von Homer und Pindar vor allem deshalb, weil er ‚musikalisch las' und auf die Musikalität des Textes achtete (KSA, GT, 1, S. 17).[37] Im August 1870 formulierte er seine „Gesammtanschauung des griechischen Altertums" (KSB 3, Nr. 69, S. 112, Z. 60-62) in *Die dionysische Weltanschauung* (KSA 1, 551-557) als vorbereitende Schrift, in der erstmals das endgültige Schema der Musikästhetik von *Die Geburt der Tragödie* erschien und wo bereits das Begriffspaar apollinisch-dionysisch auftauchten. Er hatte sie im Sommer 1870 in kurzer Zeit und mit großer Eile niedergeschrieben, wodurch die philologische Sauberkeit litt. Seine Auffassung, dass die apollinische Musik mit dem Rhythmus und die dionysische mit der Melodie gleichzusetzen sei, tauchte darin bereits auf.[38] Er formulierte darin seine Kernaussage, dass durch die Vereinigung von Dionysischem und Apollinischem die tragische Kunst entsteht und mit ihr eine „*höhere Möglichkeit des Daseins.* […] Apollo und Dionysos haben sich vereinigt". Der apollinische Schein wird zum „Symbol, als Zeichen der Wahrheit. […] Wer besiegt die Macht des Scheins und depotenziert ihn zum Symbol? Dies ist die *Musik*" (KGW III/2, S. 45).

Vieles blieb ohne Beweis stehen und immer mehr erschien hinter dem Philologen der Philosoph, wie schon der erste Satz zeigt: „Die Griechen, die die Geheimlehre ihrer Weltanschauung in ihren Göttern aussprechen und zugleich verschweigen, haben als den Doppelquell ihrer Kunst zwei Gottheiten aufgestellt, Apollo und Dionysos" (KGW III/2, S. 45). Zugleich schrieb er dem Euripides der *Bakchen*[39] die „Vergeistigung der Dionysosfeier" (KSA, DW, 1, S. 558) und die „Idealisierung der Orgie" (ebd. S. 556) zu.

Die Vorstellung der ‚Geburt' erschien erstmals in seiner Schrift *Die Geburt des tragischen Gedankens*, die er im Herbst 1870 aus einem Teil seines Aufsatzes *Die dionysische Weltanschauung* entnahm, um sie Cosima Wagner (1837-1930) am 25. Dezember 1870 in Tribschen zu ihrem Geburtstag zu überreichen. In ihrem Tagebuch notierte Cosima Wagner am 26.12.1870: „Abends liest uns Richard im Manuskript, das mir Professor Nietzsche als Geburtstagsgabe dargereicht hat."

Im 1871 verfassten Fragment *Über Musik und Wort* verwendete er bereits die gleichen ästhetischen und metaphysischen Begriffe wie in *Die Geburt der Tragödie.* In *Über Musik und Wort* schrieb er: „Der Ursprung der Musik liegt jenseits aller Individuation" (KSA 7, 12, S. 365). Seine Musikästhetik und seine wichtigsten Auffassungen über die griechische Metrik und Rhythmik reiften seit der Zeit ab Ende 1870, während seine Schrift *Das griechische Musikdrama* zeigt, dass er diese Auffassung im Januar 1870 noch nicht entwickelt hatte.[40] Auffällig in diesem Zeitraum von 1870 bis Anfang 1872 ist, dass Nietzsche in seinen philologischen Studien der griechischen Rhythmik streng historisch analysierte, zeitgleich aber in seinen vorbereitenden Studien zu *Die Geburt der Tragödie* die historische Strenge fallen ließ.

Anfang 1871 stand der Plan fest, eine größere Schrift zu veröffentlichen, ausgehend von seinen bisherigen Aufsätzen und mit der klaren Intention, sich philosophisch zu profilieren. Der Anlass war seine Bewerbung um eine philosophische Professur im Januar 1871 in Basel, für die er auch „philosophisch etwas ausweisen und legitimieren" musste, wie er am 29. März 1871 an Erwin Rhode schrieb (KSB 3, Nr. 130, S. 189, Z. 13). Einen Teil des Werkes ließ er im Voraus als Privatdruck unter dem Titel *Sokrates und die griechische Tragödie* veröffentlichen. Anfang 1872 erschien dann die endgültige Fassung mit dem Titel *Die Geburt der Tragödie aus dem Geiste der Musik.*

In *Die Geburt der Tragödie* verließ Nietzsche zwar weitgehend die historische Abhandlung, untermauerte aber dennoch seine historische These des Ursprungs der griechischen Kunst im Apollinisch-Dionysischen dadurch, dass er im fünften Kapitel Homer und Archilochus als Vorläufer beider Tendenzen anführte. Ausgehend von der Einheit von Lyrik und Musik, nahm er Friedrich Schillers (1759-1805) Konzept des poetischen Schaffens einer „musikalischen Stimmung" auf. Durch die Darstellung des Archilochus als eine dionysische Figur, gelang es ihm, die griechische Musik vom romantischen Standpunkt Schopenhauers und Wagners aus zu interpretieren.[41] In einem Fragment aus dem Nachlass verwendete Nietzsche eine Aussage dazu aus dem Briefwechsel zwischen Goethe und Schiller: „Der Rhythmus bildet auf diese Weise die Atmosphaere für die poetische Schöpfung, das Gröbere bleibt zurück, nur das Geistige kann von diesem dünnen Elemente getragen werden" (KSA 7, S. 302).

Im Sinne Schillers ist das Wichtigste des poetischen Schaffens die ‚musikalische Stimmung'. Nietzsche übernahm diesen Gedanken und erklärte:

> Er [Archilochus] ist zuerst, als dionysischer Künstler, gänzlich mit dem Ur-Einen, seinem Schmerz und Widerspruch, eins geworden und producirt das Abbild dieses Ur-Einen als Musik, wenn anders diese mit Recht eine Wiederholung der Welt und ein zweiter Abguss derselben genannt worden ist; jetzt aber wird diese Musik ihm wieder wie in einem gleichnissartigen Traumbilde, unter der apollinischen Traumeinwirkung sichtbar. Jener bild- und begrifflose Widerschein des Urschmerzes in der Musik, mit seiner Erlösung im Scheine, erzeugt jetzt eine zweite Spiegelung, als einzelnes Gleichniss oder Exempel.

Friedrich Nietzsche 1861

Bis zur Zeit seiner Vorträge Anfang 1870 behandelte Nietzsche sein Sujet, *Das griechische Musikdrama,* noch weitgehend historisch und mit vielen Belegstellen. Er studierte und verarbeitete die Sekundärliteratur wie die griechischen Literaturgeschichten von Bernardy und Müller, und Wartenburgs *Die Katharsis des Aristoteles und der Oedipus Coloneus des Sophokles,* von dem er passagenweise dessen Ausführungen über dionysische Ekstase übernahm.[42] In einem Brief an Rohde schrieb er: „Ich gewinne immer mehr Liebe für das Hellenenthum" und merkte zugleich an: „Auch zweifle ich, ob ich noch je ein richtiger Philologe werden könne." (KSB 3, 94) Sein väterlicher Freund Wagner scheint hier eingegriffen zu haben.

Nietzsche-Gedenktafel in der Schulpforta

Die Quellen

Das Spektrum der von Nietzsche benutzten Quellen ist breit gefächert und reicht von zeitgenössischen Autoren bis in die Antike. Einen ersten Zugang zur Antike bekam der junge Friedrich Nietzsche der Naumburger Zeit (1850-1858) durch die ‚Geschichten' Herodots, die er mindestens seit 1856 kannte, wie aus einem Gedicht aus dem Jahre 1856 an seine Mutter klar hervorgeht.[43] Er erhielt seit 1853 Unterricht im Lateinischen und Griechischen. Über die sich in diesen Sprachen äußernde Geisteswelt bekam er einen weiteren Zugang zum antiken Denken. Neben Herodot- und Ovidkenntnissen ist auch eine Beschäftigung mit Vergils *Aeneis,* Cornelius *Nepos* und Xenophons *Anabasis* nachgewiesen. Auf dem damals als humanistische Eliteanstalt geltenden Muster-Internat Schulpforta erhielt er (von 1858-1864) sicherlich beste Voraussetzungen für die Beschäftigung mit der Antike. Als er im Herbst 1864 die Pforta als junger Abiturient verließ, war er jedenfalls hervorragend auf ein Studium der Altphilologie und Philosophie vorbereitet.[44]

Die wichtigsten Quellen, aus denen er seine dionysisch-apollinische Dualität schöpfte, nannte er jedoch nicht. Die Verbindung des Apollonkults mit dem Dionysoskult in Delphi kannte er vor allem aus Plutarchs Schrift *Über das E in Delphi* und aus der bereits erwähnten *Beschreibung Griechenlands* von Pausanias. Erstere ist der Schlüsseltext, von dem alles Spätere direkt oder indirekt abhängt. Weitere nachweisbare Quellen für die beiden Begriffe sind: Ludwig Preller: *Griechische Mythologie* (2 Bde., 1855), Friedrich Gottlieb Welcker: *Griechische Götterlehre* (2 Bde., 1857 u. 1860) sowie Julius Leopold Klein: *Geschichte des griechischen und römischen Drama's* (1865), bei dem er das Gegensatzpaar Apollinisch-Dionysisch explizit fand.[45]

Jakob Burckhardts These von der pessimistisch-dunklen Färbung der griechischen Kultur generalisierte er auf ‚die Griechen' schlechthin. Burckhardt hat den jungen Nietzsche gefördert und Nietzsche empfand die Freundschaft zu ihm als eines der guten Geschenke seines Schicksals. Rudolf Steiner (1861-1925) kommentierte dazu:

> Und die Art, wie Burckhardt dem jungen Genie entgegenkam, spricht für den großen Zug in seiner Persönlichkeit. Er hatte von Anfang an die richtige Empfindung davon, welche geistige Kraft in dem jungen Philosophen sich an die Oberfläche arbei-

tete. Er verstand ihn schon damals wie wenige. Es spricht immer für die eigene Größe eines Geistes, wenn er einen anderen Großen sofort als solchen zu erkennen vermag.[46]

Friedrich Nietzsche 1864

Während seiner Bonner Studienzeit (1864/65) arbeitete Nietzsche an einer kritischen Edition des Pseudo-Longinos *Über das Erhabene.* Den darin enthaltenen poetologischen Topos der „nüchternen Trunkenheit" (μέθη νηφάλιος), den Hölderlin in seinem Gedicht *Hälfte des Lebens* am eindrucksvollsten gestaltete, fügte er später in seine Abhandlung *Die dionysische Weltanschauung*, wie folgt ein: „So muß der Dionysosdiener im Rausche sein und zugleich hinter sich als Beobachter auf der Lauer liegen. Nicht im Wechsel von Besonnenheit und Rausch, sondern im Nebeneinander zeigt sich das dionysische Künstlerthum" (KSA 1, 555, 33-556, 2). Auch die Vorstellung eines „dionysischen Künstlers" entnahm Nietzsche der von ihm herangezogenen wissenschaftlichen Literatur.

Eine Darstellung des griechischen Mysterienwesens und einen reichen Fundus von antiken Dionysos-Überlieferungen fand er in Georg Friedrich Creuzers vierbändiger *Symbolik und Mythologie der alten Völker, besonders der Griechen* (1812). Im dritten Band seines Werkes, der fast ausschließlich Dionysos, dem „Gott der Götter" gewidmet ist, erhob er ihn erstmals zur Zentralfigur der griechischen Mythologie. Nietzsche kannte auch die Darstellung der Dionysos-Feste aus den Handbüchern von Preller und Welcker. Demnach feierten die Athener im Frühling mehrere große Dionysos-Feste. Das Anthesterien-Fest (von anthos, Blut) fand im Februar/März statt. Am ersten Tag, den *Pithoigien* (von pithoigia, Öffnen der Fässer), öffnete man die Fässer mit dem jungen Wein, und der erste Trunk wurde dem Dionysos dargebracht. Am zweiten Tag, Choen genannt (‚Kannenfest'), wurde zu Ehren des Gottes ein Wett-Trinken veranstaltet sowie die Ankunft des Dionysos am

Beginn der Vegetationsperiode gefeiert, denn er war auch ein Vegetationsgott. Den Höhepunkt der zu Ehren des Dionysos in Athen gefeierten Frühlingsfeste bildeten die im März/April veranstalteten fünftägigen ‚Großen Dionysien'. An deren ersten Tag fand in Athen als Auftakt ein Dithyramben-Wettkampf miteinander konkurrierender Chöre statt. Am zweiten Tag wurden fünf Komödien aufgeführt. Am dritten, vierten und fünften Tag gipfelte das große Dionysosfest in der Aufführung je einer tragischen Tetralogie, die aus drei Tragödien und einem abschließenden Satyrspiel bestand. Von der zweiten Hälfte des 6. Jahrhunderts v. Chr. bis ins 4. Jahrhundert v. Chr. hinein waren das Theater und die dramatischen Aufführungen feste Bestandteile des Dionysoskultes und er war ohne diese nicht vorstellbar.

Aus dem bereits erwähnten dritten, dem Dionysos gewidmeten Band von Creuzers vierbändigem Werk *Symbolik und Mythologie der alten Völker, besonders der Griechen*, entnahm Nietzsche seine Kenntnisse vom „eleusinischen Mysterienruf" (KSA 1, GT 30, 15).

Demeter, Persephone und Triptolemos. Votivrelief aus Eleusis, 440 v. Chr., Nationalmuseum Athen

Demeter und Dionysos (um 470/460 v. Chr., Ton, Höhe 26,8 cm) Museo Nazionale di Reggio Calabria, Inv.-Nr. 58729

Darin wird Dionysos neben Demeter und oft in Gemeinschaft mit ihr als der wichtigste Mysteriengott der Griechen geschildert. Jedes Jahr veranstalteten die Athener eine große Prozession zur Mysterienfeier nach Eleusis, wo sich der ursprünglich auf die weibliche Fruchtbarkeit bezogene Demeterkult mit dem auf die männliche Zeugungskraft ausgerichteten Dionysoskult verband. Der um 600 v. Chr. entstandene homerische Demeterhymnus erwähnt erstmals das Schweige- und Geheimhaltungsgebot für die eigentlichen Mysterienhandlungen, wie Demeter den Führern des Volkes die Mysterien-Riten gelehrt hat: „heilige Riten [...] die niemand verletzen oder enthüllen oder in Worten ausdrücken darf [...] Wer unter den Menschen diese Mysterien gesehen hat, ist selig" (Demeter-Hymnus 475, 483). Sophokles erwähnte im Dionysos-Chorlied seiner *Antigone* (V. 1115, 1148) den Gott, der in Eleusis „geheimnisvoll" waltete und Platon sah in dem für Dionysos charakteristischen „Wahnsinn" etwas, das zu den „Einweihungen", zum Mysterienkult gehörte (*Phaidros* 265b 4). In der auf das Reinigungsritual folgenden Einweihung ließ der Einzuweihende sein bisheriges Leben hinter sich und wandelte sich zum „neuen Menschen", zum Neophytos und ihm wurde die Hoffnung auf Erlösung, Wiedergeburt und Verwandlung, bis hin zur Vergöttlichung, zuteil. Das Fest und die Festorganisation bestanden rund 1000 Jahre lang, von etwa 600 v. Chr. bis ans Ende des 4. Jahrhunderts, als Kaiser Theodosius I. mit seiner Unterdrückung des Heidentums Eleusis ein Ende machte.

Nietzsche bezog nahezu alle beschriebenen Elemente des Mysteriengeschehens direkt oder indirekt mit ein und interpretierte sie im Hinblick auf Wagners Musik, „die in Bayreuth, dem neuen Eleusis, ihre ins Kultische stilisierte Weihestätte finden sollte".[47]

Aus der Fülle der gelehrten Darstellungen, deren Benutzung durch Nietzsche bei der Abfassung der Tragödienschrift nachweisbar ist, seien hier lediglich als wichtigste genannt: Karl Ottfried Müller: *Geschichte der griechischen Literatur bis auf das Zeitalter Alexanders* (2 Bde., 1841), Gottfried Bernhardy: *Grundriss der Griechischen Litteratur* (2 Bde., 1835 u. 1845) sowie Julius Leopold Klein: *Geschichte des Drama's.* Bd. 1: *Geschichte des griechischen und römischen Drama's* (1865).

Die größte Bedeutung kommt jedoch den Werken Schopenhauers und Wagners theoretischen Schriften zu.

Arthur Schopenhauer

Richard Wagner

Schopenhauer und Wagner

Die grundlegende Orientierung an Wagner und Schopenhauer ist bereits in Nietzsches Leipziger Studentenzeit (Winter 1868/69) ersichtlich. An seinen Leipziger Freund Heinrich Romundt schrieb er am 4. Mai 1869 (KGB II 2, Nr. 3 S. 8, 32-39): „Es tönt wie eine schöne halbverklungene Sage von vergangenem und wiedererstandenem Pessimismus, vom Drama der Zukunft, in dem Sophokles wiedergeboren wird und Laube aus dem Tempel treibt unter unserm begeisterten Zuruf, von der Musik als dem Schlüssel aller Kunstphilosophie, von Richard Wagner und Arthur Schopenhauer und von unzähligem Anderen zu mir herüber."

Von Schopenhauer übernahm Nietzsche seine Metaphysik der Kunst, also die Anschauung vom Vorrang der Musik vor allen anderen Künsten, weil diese sich nicht aus der Welt der Erscheinungen herleitet, sondern aus dem tiefsten Wesen der Welt selbst entspringe.[48] Besonders Schopenhauers These von der Nachrangigkeit des Intellekts gegenüber dem sich in der Triebsphäre manifestierenden Willen erlangte bei Nietzsche eine besondere Bedeutung. Im zweiten Kapitel von *Schopenhauer als Erzieher* (KSA 1, S. 346) schrieb er: „Ich gehöre zu den Lesern Schopenhauers, welche, nachdem sie die erste Seite von ihm gelesen haben, mit Bestimmtheit wissen, dass sie alle Seiten lesen werden und auf jedes Wort hören werden, das er überhaupt gesagt hat."

Am 4. August 1871, wenige Monate vor der Fertigstellung der *Geburt der Tragödie*, schrieb er an seinen Freund Erwin Rhode, dem er Sokrates und die griechische Tragödie als Vorgeschmack geschickt hatte: „Das Studium Schopenhauer's wirst Du überall bemerkt haben, auch in der Stilistik" (KSB 3, Nr. 149, S. 215 f.).

Ob Nietzsche Stirners 1845 erschienenes Buch *Der Einzige und sein Eigentum* kannte und davon beeinflusst war, liegt zwar nahe, lässt sich aber nicht belegen. In jedem Falle bestehen deutliche Affinitäten und Nietzsche verbrachte im Oktober 1865 zwei Wochen in Berlin bei der Familie seines Studienfreundes Hermann Mushacke (1854-1906), dessen Vater in den 1840er Jahren zu einem Debattierzirkel um Bruno Bauer (1809-1882) und Max Stirner (1806-1856) gehörte. Auch Stirner verneinte Gott und die Menschheit und fragte: „Begehrt die Wahrheit, die Freiheit, die Humanität, die Gerechtigkeit etwas anderes, als dass Ihr Euch enthumanisiert und ihnen dient?"[49] Mit seinem „Ich hab' Mein Sach' auf Nichts gestellt" betonte er den Primat des Ich (S.5), erklärte, „dass der Mensch den Gott getötet hat" und folgerte: „An dem Eingang der neuen Zeit steht der ‚Gottmensch'."[50] Die Idee eines „Übermenschen" formulierte jedoch erst Nietzsche.

Nietzsche sah seine beiden wichtigsten geistigsten Quellen, Schopenhauer und Wagner, als die markantesten Fortsetzer und Ideenspender der europäischen Romantik an (KSA, NF, 9, 417).[51] In Wagners „Musikdrama" wollte er die „Wiedergeburt" der Tragödie in seiner Zeit sehen und verknüpfte damit Hoffnungen auf eine Erneuerung der ‚Kultur' überhaupt. Von Wagners theoretischen Schriften bezog er sich am intensivsten auf die Hauptschrift *Oper und Drama*. Er übernahm von Wagner vor allem den kulturreformatorischen Anspruch.

Für seine *Geburt der Tragödie* hatte er eine Gliederung in mehreren Schemata entworfen.[52] Demnach behandelte er gemäß den Denkmustern von Schopenhauers Hauptwerk *Die Welt als Wille und Vorstellung* im ersten Teil (Kap. 1-10) die ‚Geburt' der Tragödie, in einem zweiten Teil (Kap. 11-15) den Niedergang und ‚Tod' der Tragödie, um dann im dritten Teil (Kap. 16-25) die ‚Wiedergeburt der Tragödie' durch Wagner anzukündigen.[53]

Dass Nietzsche von der Musik Richard Wagners tief ergriffen war, zeigt ein Brief an Rohde vom 27. Oktober 1868 (KSB 2, 332): „Ich bringe es nicht übers Herz, mich dieser Musik gegenüber kritisch kühl zu verhalten; jede Faser, jeder Nerv zuckt an mir, und ich habe lange nicht ein solches andauerndes Gefühl von Entrücktheit gehabt als bei der letztgenannten Ouvertüre" (der Meistersinger). Wenige Tage später, am 8. November 1868, wurde Nietzsche Wagner vorgestellt, als der sich bei seinem Schwager Brockhaus in Leipzig aufhielt. Nachdem er am 15. Mai 1869 unangemeldet bei Wagner in Tribschen erschien, wurde er anschließend immer wieder eingeladen. Bei seinem offiziellen Antrittsbesuch in Tribschen, am Pfingstmontag des 17. Mai 1869, fand seine erste Begegnung mit Cosima Bülow statt. Cosima notierte dazu in ihrem Tagebuch: „Zu Tisch ein Philologe Professor Nietzsche, welchen R. [Richard] bei Brockhausens hat kennen gelernt und welcher R.'s Werke gründlich kennt und selbst aus *Oper und Drama* in seinen Vorlesungen zitiert. Ein ruhiger angenehmer Besuch [...]."[54]

Weihnachten 1869 war Nietzsche bei Cosima und Richard Wagner in Tribschen zu Gast. In seinen Vorträgen in Basel über *Das griechische Musikdrama* (am 18. Januar 1870) und über *Sokrates und die Tragödie* (am 1. Februar 1870) zeichnete Nietzsche ein Bild der Tragödie als „Gesamtkunstwerk", im Sinne der Revolutionsschriften Wagners, knüpfte an dessen Verfallstheorie an und erklärte im Sinne von Wagners *Oper und Drama*, die Musik sei in der griechischen Tragödie „also durchaus nur als Mittel zum Zweck verwendet worden" (KGW, III/2, 18). Im Verweis auf Wagner am Ende des Vortrags *Das griechische Musikdrama* zeigt sich Nietzsches eigentliche Intention: „Ein Vorbild für eine moderne Kunst- und Kulturreformation zu liefern, in der wieder der Zustand der Einheit zurückzufinden war."[55]

Wer aber bei seinem Anblick an das Ideal des jetzigen Kunstreformators erinnert wird, der wird sich zugleich sagen müssen, dass jenes Kunstwerk der Zukunft durchaus nicht etwa eine glänzende, doch täuschende Luftspiegelung ist: was wir von der Zukunft erhoffen, das war schon einmal Wirklichkeit – in einer mehr als zweitausendjährigen Vergangenheit. (KSA, GMD, 1, S. 531)

Cosima Bülow / spätere Wagner 1857

Wie sehr die Arbeiten Nietzsches bei Cosima Wagner geschätzt wurden, zeigt ihr Tagebucheintrag vom 26.12.1870, anlässlich der Übergabe von Nietzsches Schrift *Die Geburt des tragischen Gedankens* zu ihrem Geburtstag am 25.12.1870:

Sie ist [...] von höchstem Wert; die Tiefe und Großartigkeit der in gedrängtester Kürze gegebenen Anschauungen ist ganz merkwürdig: wir folgen seinem Gedankengang mit größtem und lebhaftestem Interesse. Besondere Freude gewährt es mir, daß Richard's Ideen auf diesem Gebiet ausgedehnt werden können.

In der folgenden Zeit wurde das Verhältnis zwischen Nietzsche und Wagner enger. Beide schätzten die Griechen hoch und waren sich über den Verfall der griechischen

Tragödie durch die Zunahme an Bewusstheit einig. Wagner versuchte Nietzsche enger an sich zu binden und schrieb an ihn:

> Sie könnten mir nun viel, ja ein ganzes Halbtheil meiner Bestimmung abnehmen. Und dabei gingen Sie vielleicht ganz *Ihrer* Bestimmung nach. Nun bleiben Sie Philolog, um als solcher sich von der Musik dirigieren zu lassen. ... Nun zeigen sie denn, zu was die Philologie da ist, und helfen Sie mir, die große ‚Renaissance' zu Stande zu bringen, in welcher Platon den Homer umarmt, und Homer, von Platons Ideen erfüllt, nun erst der allergrößte Homer wird. (KGB II/2, 145 f.)

Wagner verlangte also nach einem Buch von Nietzsche und erhielt es. Er fühlte sich zutiefst verstanden und schrieb nach dem Erhalt seiner Tragödienschrift Anfang Januar 1872 an Nietzsche: „Schöneres als Ihr Buch habe ich noch nichts gelesen! Alles ist herrlich!" (KGB II 2, Nr. 256, 493). Auch Cosima Wagner schrieb: „Sie haben in Ihrem Buche Geister gebannt, von denen ich glaubte, dass sie einzig und allein unsrem Meister dienstpflichtig seien."

Aber was zog Nietzsche an Wagner so stark an, dass er sich von ihm beeinflussen oder gar „dirigieren" ließ?

Die Wiedergeburt der Tragödie aus der Musik

Nietzsche thematisierte in der *Geburt der Tragödie aus dem Geiste der Musik* explizit dionysische und apollinische Musik. Die apollinische Musik als „dorische Architektonik in Tönen, aber nur in angedeuteten Tönen, wie sie der Kithara zu eigen sind" (KSA, GT, 1, S. 33), wird der dionysischen Musik gegenübergestellt. Diese ist gekennzeichnet durch die „erschütternde Gewalt des Tones", den einheitlichen „Strom des Melos und die durchaus unvergleichliche Welt der Harmonie" (KSA, GT, 1, S. 33). Dem Dionysischen wird als traditionelles Instrument die Flöte zugeordnet, wie dem Apollinischen die Kithara. Der apollinischen Musik ordnet er den Rhythmus zu und der dionysischen Musik die Melodie und Harmonie; die „Musik des Aulos" wird der „Musik der Kithara" gegenübergestellt (KSA, GT, 1, S. 39):

> Wenn die Musik scheinbar bereits als eine apollinische Kunst bekannt war, so war sie dies doch nur, genau genommen, als Wellenschlag des Rhythmus, dessen bildnerische Kraft zur Darstellung apollinischer Zustände entwickelt wurde. Die Musik des Apollo war dorische Architektonik in Tönen, aber nur angedeuteten Tönen, wie sie der Kithara zu eigen sind. Behutsam ist gerade das Element, als unapollinisch, ferngehalten, das den Charakter der dionysischen Musik und damit der Musik überhaupt ausmacht, die erschütternde Gewalt des Tones, der einheitliche Strom des Melos und die durchaus unvergleichliche Welt der Harmonie.

Die von Nietzsche in seinem Werk vertretenen Auffassungen über Musik entsprechen nach der Meinung von Schmidt dem Kontext der modernen Musikästhetik.[56] Besonders die „Idee der absoluten Musik", mit der „Ahnung des Absoluten", wurde von ihm philosophisch entwickelt.[57] Zugleich wurde ihm die tiefe Beziehung zwischen der griechischen Sprache und dem Rhythmus als Hauptcharakter der griechischen Musik klar.[58] Die Unterscheidung zwischen dionysischer und apollinischer Musik übernahm Nietzsche aus der romantischen Musikwissenschaft, die er zugleich ablehnte. Den mystischen Sinn des Dionysischen hatte Nietzsche bereits in der Musikwissenschaft Müllers beschrieben gefunden und eine Ausarbeitung zur psychologischen Wirkung des Klangs der beiden Instrumente in den Arbeiten Ritschls und Westphals.[59]

Die kulturelle Erneuerung brachte er in der *Geburt der Tragödie* in den Zusammenhang mit der Musik. „Möge uns niemand unsern Glauben an eine noch bevorstehende Wiedergeburt des hellenischen Altertums zu verkümmern suchen; denn in ihm finden wir allein unsere Hoffnung für eine Erneuerung und Läuterung des deutschen Geistes durch den Feuerzauber der Musik" (KSA, GT, 1, S. 131). Für Platon war die Erziehung durch Musik die vorzüglichste Art zur Bildung eines tugendhaften Menschen, dessen Eigenschaften im Sinne der *aletheia* das Wahre, Schöne und Gute sind. Die *mousike* kann das Wahre und Gute deshalb auf schöne Weise vermitteln, „weil am tiefsten in die Seele Rhythmus und Harmonie eindringen, sie am stärksten ergreifen und ihr edle Haltung verleihen"[60]. Nietzsche stimmte mit Platon hinsichtlich der Möglichkeiten und Wirkung der Musik weitgehend überein und sah die Musik als Basis der Vermittlung und Stiftung von Kunst an.[61] In einem Brief an Erwin Rohde vom 21. Dezember 1871 schrieb er: „Wenn ich mir aber denke, dass nur einige Hunderte Menschen aus der nächsten Generation das von der Musik haben, was ich von ihr habe, so erwarte ich eine völlig neue Kultur!" (KSB, 3, S. 256 f.).

Was Nietzsche unter der höchsten Form der Musik und der Kunst verstand, zeigt folgende Aussage: „So wäre wirklich das schwierige Verhältnis des Apollinischen und des Dionysischen in der Tragödie durch einen Bruderbund beider Gottheiten zu symbolisieren: Dionysus redet die Sprache des Apollo, Apollo aber schließlich die Sprache Dionysus: womit das höchste Ziel der Tragödie und der Kunst überhaupt erreicht ist" (KSA, GT, 1, S. 139 f.). Die höchste Form der Kunst, die Nietzsche in der *Geburt der Tragödie* meinte, ist das tragische Musikdrama[62] und nicht die reine Instrumentalmusik, wie Liébert und Meyer interpretierten.[63]

Die Hoffnung, die Nietzsche mit seiner *Geburt der Tragödie* verband, war die Wiedergeburt der Tragödie, die er im Wirken Richard Wagners für möglich hielt. Er sah einige Zeit lang in Wagner den Bringer einer neuen Kultur.

Nach dem Misserfolg seiner Tragödienschrift erwog Nietzsche seine gerade erst begonnene Professorentätigkeit für einige Zeit auszusetzen, um sich ganz dem Bayreuther Projekt widmen zu können. Cosima und Richard Wagner versuchten jedoch Nietzsche immer wieder auf den Boden der klassischen Philologie zurückzuholen und erwiesen damit, dass sie Nietzsche keineswegs nur für ihre Zwecke instrumentalisieren wollten, wie das oft einseitig behauptet wird. Cosima schrieb ihm am 22. August 1872: „Die Philologie ist der feste

Boden, den Sie immer wieder umfassen müssen, um Ihre Kraft zu erneuern, die in der Himmelluft der Musik und der Wassertiefe der Philosophie gar leicht sich verlieren könnte."[64]

Nietzsches Selbstverständnis und Mission

Rückblickend erschien Nietzsche seine Antwort auf die in der *Geburt der Tragödie* gestellte Frage „Was ist dionysisch?" (KSA, GT, 15, 15 und 15, 19) als die eines „Eingeweihten und Jünger[s] seines Gottes". Er ließ im *Versuch einer Selbstkritik*, so Jochen Schmidt, „durchblicken, dass ihm gerade mit dem intuitiven Konzept des ‚Dionysischen' ein Wurf gelungen sei, der seinen bleibenden Wert als eine Herausforderung besitzt, die wissenschaftlich uneinholbar ist, weil sie prinzipiell jenseits der disqualifizierten Wissenschaft liegt".[65]

Nietzsches Selbstverständnis beim Erscheinen seines Erstlingswerkes geht aus den Versen hervor, die er auf dem Deckblatt seines persönlichen Exemplars unter dem Datum „Basel, am Neujahrstage 1872" schrieb:

> Schaff, das Tagwerk meiner Hände,
> Großer Geist, dass ich's vollende.

In abgewandelter Form stammen diese Verse vom jungen Goethe:

> *Hoffnung*
> Schaff, das Tagwerk meiner Hände,
> Hohes Glück, daß ich's vollende!
> Laß, o laß mich nicht ermatten!
> Nein es sind nicht leere Träume;
> Jetzt nur Stangen, diese Bäume
> Geben einst noch Frucht und Schatten.

In einem Brief an Friedrich Ritschl (KSB, 3, 281) betrachtete Nietzsche *Die Geburt der Tragödie* in der „Art eines Manifestes" und in einem Brief an Mutter und Schwester schrieb er: „Ihr sollt es noch erleben, wie es für mich in einem gewissen Sinne Epoche macht. Meine Schrift erscheint nächstens: mit ihr beginne ich das neue Jahr und jetzt wird man wissen, was ich will, wonach ich mit aller Kraft strebe: meine Thätigkeit beginnt" (KSB, 3, 266).

Zielrichtung der *Geburt der Tragödie* ist die Wiedergeburt der Tragödie, die Nietzsche aus der Verbindung der Opern Richard Wagners mit aktuellen Entwicklungen der deutschen Philosophie möglich schien. In *Menschliches, Allzumenschliches* wandte sich Nietzsche von Wagner und Schopenhauer, die für die Wiedergeburt der Tragödie verantwortlich gewesen wären, ab und übernahm das Projekt selbst. Er musste deshalb die Grundlagen mit philosophischen und wissenschaftlichen Gedanken schaffen und wollte mit seiner wissenschaftlichen In-Frage-Stellung jeden „höheren Schwindel", jeden „Idealismus" und jegliches „schöne Gefühl" vernichten (KSA, EH, 6, S. 327).[66] Christus wird durch Dionysos ergänzt oder ersetzt, der ihm kraftvoller erscheint. Werner Ross kommentierte dazu: „Nietzsche will den alten Gott absetzen, um einen neuen (oder neue Götter) an seine Stelle zu setzen, [...]. Dieses Gottes Prophet will er sein; und im Wahnsinn identifiziert er sich mit ihm."[67]

Für Nietzsche ergab sich aus seinen biographischen Bedingungen die Konsequenz, die – aus seiner Sicht – lebensfeindliche, christliche Lebensform durch eine andere Moral zu ersetzen, um im Sinne der Umwertung aller Werte zum Leben und zur Wirklichkeit durchzustoßen. Im Gedicht *Der Spiegel: Eine Gelegenheit zur Selbst-Bespiegelung für Europäer* (KSA, 11, S. 691), wird dieser Prozess deutlich.

Die Moral in Europa
Die Zucht des Willes
Von der Rangordnung
Christus und Dionysos [...].

Das Dionysische wurde ihm zum Lebensprinzip und er formulierte in seiner *Götzendämmerung*:

> Das Jasagen zum Leben [...] selbst noch in seinen fremdesten und härtesten Problemen; der Wille zum Leben, im *Opfer* seiner höchsten Typen der eigenen Unerschöpflichkeit frohwerdend – *das* nannte ich dionysisch, *das* errieth ich als die Brücke zur Psychologie des *tragischen* Dichters. (KSA 6, 160)

Nietzsche verstand sich als Welterschütterer, nach dem die Zeitrechnung umgeschrieben werden sollte, als „ein Schicksal", das „die Geschichte der Menschheit in zwei Stücke" bricht. Dazu arbeitete er bewusst mit der „Magie des Extrems" (KSA 12, 10 [94], Nachlass 1887). Den Begriff ‚Schicksal' gebrauchte Nietzsche mehrere hundert Mal in seinen Schriften. Im letzten Kapitel von *Ecce homo* schrieb er:

> Es wird sich einmal an meinen Namen die Erinnerung an etwas Ungeheures anknüpfen – an eine Krisis, wie es keine auf Erden gab, an die tiefste Gewissens-Kollision [...] Ich bin kein Mensch, ich bin Dynamit. [...] Ich *will* keine ‚Gläubigen', ich denke, ich bin zu boshaft dazu, um an mich selbst zu glauben, ich rede niemals zu Massen ... (KSA 6, S. 365).
>
> Die *Entdeckung* der christlichen Moral ist ein Ereigniss, das nicht seines Gleichen hat, eine wirkliche Katastrophe. Wer über sie aufklärt, ist eine force majeure, ein Schicksal, –

er bricht die Geschichte der Menschheit in zwei Stücke. [...] Alles, was bisher „Wahrheit" hiess, ist als die schädlichste, tückischste, unterirdischste Form der Lüge erkannt; der heilige Vorwand, die Menschheit zu „verbessern" als die List, das Leben selbst auszusaugen, blutarm zu machen. (EH, Warum ich ein Schicksal bin, 8. Abschnitt, KSA 6, S. 373)

Während Nietzsche in seinem herausfordernden Aphorismus „Warum ich ein Schicksal bin" (EH, WA 4) einen „Akt höchster Selbstbesinnung der Menschheit sah", erblickten andere darin bereits den Ausbruch oder Vorboten seines Wahnsinns als Größenwahn. Sein Selbstverständnis und seine Mission formuliert er nirgends klarer als im *Ecce Homo* mit dem Satz: „Denn ich trage das Schicksal der Menschheit auf der Schulter" (EH, WA 4). Kein Philosoph vor Nietzsche hat sich jemals als Schicksal der Philosophie und der Menschheit erklärt. Wurde er tatsächlich zum Schicksal? Immerhin sah Martin Heidegger (1889-1976) in Nietzsches Formulierungen im *Ecce Homo* ein „Schicksal"; es handele sich jedoch „nicht um das Geschick eines einzelnen, sondern um die Geschichte des Zeitalters der Neuzeit als einer Endzeit des Abendlandes".[68] Letztlich kulminierte Nietzsches Begriff des ‚Schicksals' in seinem eigenen Schicksal. Er stellte sich schließlich auf eine Ebene mit dem „frohen Botschafter", dem Christus selbst: „allen Ernstes, niemand wusste vor mir den rechten Weg, den Weg a u f w ä r t s: erst von mir an giebt es wieder Hoffnungen, Aufgaben, vorzuschreibende Wege der Cultur – i c h b i n d e r e n f r o h e r B o t s c h a f t e r ... Eben damit bin ich auch ein Schicksal" (EH, GD 2).[69]

Die Rettung der Kunst und des Lebens

Nietzsche gilt als der große Philosoph des „Lebens". Der Begriff und das Phänomen des schöpferischen „Lebens" durchziehen sein Werk und seine Existenz und wirken konstitutiv. Gleichermaßen bewegte ihn die immer wiederkehrende Frage, welche Bedeutung die Kunst für das Leben hat. Die Kunst wurde von ihm klassifiziert im Zeichen des Lebens, in ‚dionysische' und ‚romantische' Kunst. Lebenssteigernde oder lebensschwächende Kunst wurde zum ästhetischen Maßstab und natürlich forderte er eine dionysische, lebenssteigernde Kunst ein. Bereits 1870 entwickelte er die Idee der „dionysischen Kunst" in *Die dionysische Weltanschauung* (DW, 1, 554). Sein Kunstbegriff ist durchgängig von der Duplizität des Dionysischen und Apollinischen geprägt, vom apollinischen Geist und der dionysisch-elementaren Urkraft des Lebens. Dionysos ist für ihn das Symbol des Lebens schlechthin. In seinem Denken, am Anfang wie am Ende, ist Dionysos deshalb *die* entscheidende Konstante seines so vielschichtigen Werkes. Das ‚Dionysische' steht für Nietzsche gleichermaßen für Grausen, Leid, Opfer und Untergang (denn Dionysos ist für ihn vor allem der leidende, zerstückelte Gott), wie für die Verzückung, universelle Bejahung des Lebens und den Triumph des Daseins auf dem Untergrund des Schreckens.[70] Das Apollinische wie das Dionysische kann mit Nietzsche als ein Grundprinzip der Kunst aber auch als Grundzug des Lebens gedeutet werden. Das ‚Dionysische', der Rausch des Lebens, mit seinem irrationalen, antizivilisatorischen Prinzip, gehörte für ihn zum Leben und Menschsein dazu, wurde aber in einer von rationalen Kräften dominierten, aufklärungs- und fortschrittsorientierten Gesellschaft unterdrückt.[71] Eine der zentralen Grundfragen in der *Geburt der Tragödie* war deshalb für Nietzsche, inwiefern die griechische Kunst lebensfördernd und lebenserhaltend war.

In den beiden Fragmenten [89 und 91] (KSA 11, Nachgelassene Fragmente 1884-1885) fragte Nietzsche: Ist der heidnische Kultus „nicht eine Form der Danksagung und Bejahung des Lebens?", eine „Apologie und Vergöttlichung des Lebens"? Der Mysteriengott des heidnischen Kultus wurde ihm deshalb zum lebenserhaltenden Prinzip und zum *erlösenden* Typus: „Hierher stelle ich den *Dionysos* der Griechen." Als Beispiel für die religiöse Bejahung des Lebens als Ganzheit hob er den Geschlechtsakt hervor, dessen Tiefe und Geheimnis ihm ehrfurchtserweckend war und der sich wiederum mit dem Dionysischen verband.

Nietzsche blieb nicht bei einer allgemeinen Idee des „Dionysischen". Spätestens seit seinem *Zarathustra* konkretisierte sich für ihn das dionysische Leben im schöpferisch-schaffenden Menschen, der vom Geschöpf zum Schöpfer wird, den Übermenschen schafft und sich damit von Gott emanzipiert.

Im Gekreuzigten sah Nietzsche das Symbol für ein lebenzerstörendes Verhalten, was er in seiner Formel zum Ausdruck brachte: „Dionysos gegen den ‚Gekreuzigten'." Dagegen war ihm der in Stücke geschnittene Dionysos eine Verheißung ins Leben, denn er „wird ewig wieder geboren und aus der Zerstörung heimkommen".[72]

In seiner Vorrede zur Neuausgabe der *Geburt der Tragödie* von 1886 – dem *Versuch einer Selbstkritik* – ging Nietzsche fast ausschließlich auf das Dionysische ein. Er identifizierte Zarathustra mit Dionysos und bezeichnete sich in *Götzen-Dämmerung* selbst als den „letzte[n] Jünger des Philosophen Dionysos" (KSA 6, 160). Im Jahr 1888 schlug er eine Brücke zwischen seinem Erstlingswerk *Die Geburt der Tragödie*, wo er sich selbst bereits als einen Jünger des Dionysos bezeichnete, und seinem Hauptwerk, *Also sprach Zarathustra*, in dem sein Begriff des „Dionysischen" höchste Tat geworden ist (KSA, EH, 6, 343). *Ecce homo* ließ er mit der Antithese „*Dionysos gegen den Gekreuzigten*"(KSA 6, 374) ausklingen und sein letztes abgeschlossenes Werk sind die *Dionysos-Dithyramben*.[73] Briefe vom Januar 1898 unterschrieb er mit dem Namen dieses griechischen Gottes. Nietzsche verfolgte die Grundgedanken von *Die Geburt der Tragödie* in seinen späteren Werken immer weiter und sah sein Leben als Konsequenz daraus. Im Frühling 1882, während er am *Zarathustra* schrieb, fasste er die Grundsätze der *Geburt der Tragödie* zusammen (KSA, NF, 10, 237 ff.) und ein Jahr später schrieb er: „Geburt der Tragödie: ‚sie rettet die Kunst – und durch die Kunst rettet sie sich das Leben'. Grundgedanke. *Mein weiteres Leben ist die Consequence*" (KSA, NF, 10, 501). Obwohl die Begriffe ‚Kunst' und ‚Leben' bei Nietzsche vieldeutige Begriffe sind, vertrat er immer wieder die Auffassung, dass die Kunst die höchste Manifestation des Lebens sei. Die höchste Steigerung des Lebens wiederum ist das ‚dionysische' Leben, dass nach immer stärken Formen des Selbstausdrucks und der Selbstverwirklichung sucht. Zarathustra verkündet einerseits: „Das Leben ist ein Born der Lust" (ZA, 4, 258) und zugleich: „Steigen will das Leben und steigend sich überwinden" (ZA, 4,130). Auch in *Jenseits von Gut und Böse* taucht Dionysos wieder auf, und am Ende der *Götzen-Dämmerung* bezieht er fast seine gesamten Werke auf *Die Geburt der Tragödie*: „Die ‚Geburt der Tragödie' war meine erste Umwerthung aller Werte: damit stelle ich mich wieder auf den Boden zurück, aus dem mein Wollen, mein Können wächst – ich, der letzte Jünger des Philosophen Dionysos, – ich, der Lehrer der ewigen Wiederkunft [...]" (KSA, GD, 6, 160).

Mit *Ecce homo* lieferte Nietzsche eine ultimative Einführung in seine Philosophie, indem er sich darin sein eigenes Leben erzählte und es biografisch und psychologisch, aus der Not der Einsamkeit heraus, deutete. „Alles erwogen [...], hat es von jetzt ab keinen Sinn mehr, *über* mich zu reden oder zu schreiben; ich habe die Frage, *wer ich bin*, mit der Schrift, an der wir drucken *Ecce homo* für die nächste Ewigkeit ad acta gelegt." (KSB 8/S. 553)

Trotz aller berechtigter philologischer Kritik an Nietzsches Tragödienschrift und auch angesichts der kulturkritischen und geistesgeschichtlichen Dimension seines Erstlingswerkes, sollten wir die darin bereits enthaltene lebensphilosophische Frage nicht übersehen, die er mit aller Intensität verfolgte: Die Rettung des Lebens im Zeitalter eines vollendeten Nihilismus und bis zur Todessehnsucht dekadenten Lebens. Sein Lebensrettungsversuch mündet in nichts Geringerem als in einer Philosophie des Lebens, in seiner ‚Lebens-Philosophie' im Zeichen des ‚Dionysischen'.

Der Schwere des menschlichen Lebens, der Nietzsche in seinem *Also sprach Zarathustra* mit dem „Geist der Schwere" Ausdruck verlieh (ZA III, KSA 4, S. 241-245), stellte er die Leichtigkeit, „die leichten Füße" (KSA 13, 17 [4] 5, Nachlass 1888) des Göttlichen entgegen. Zarathustra sagte dazu: „Jetzt bin ich leicht, jetzt fliege ich, jetzt sehe ich mich unter mir, jetzt tanzt ein Gott durch mich" (ZA I, KSA 4, S. 50).

...und ich wüßte nicht, was der Geist eines Philosophen mehr zu sein wünschte, als ein guter Tänzer. Der Tanz nämlich ist sein Ideal, auch seine Kunst, zuletzt auch seine einzige Frömmigkeit, sein Gottesdienst. (KSA 3, 635)

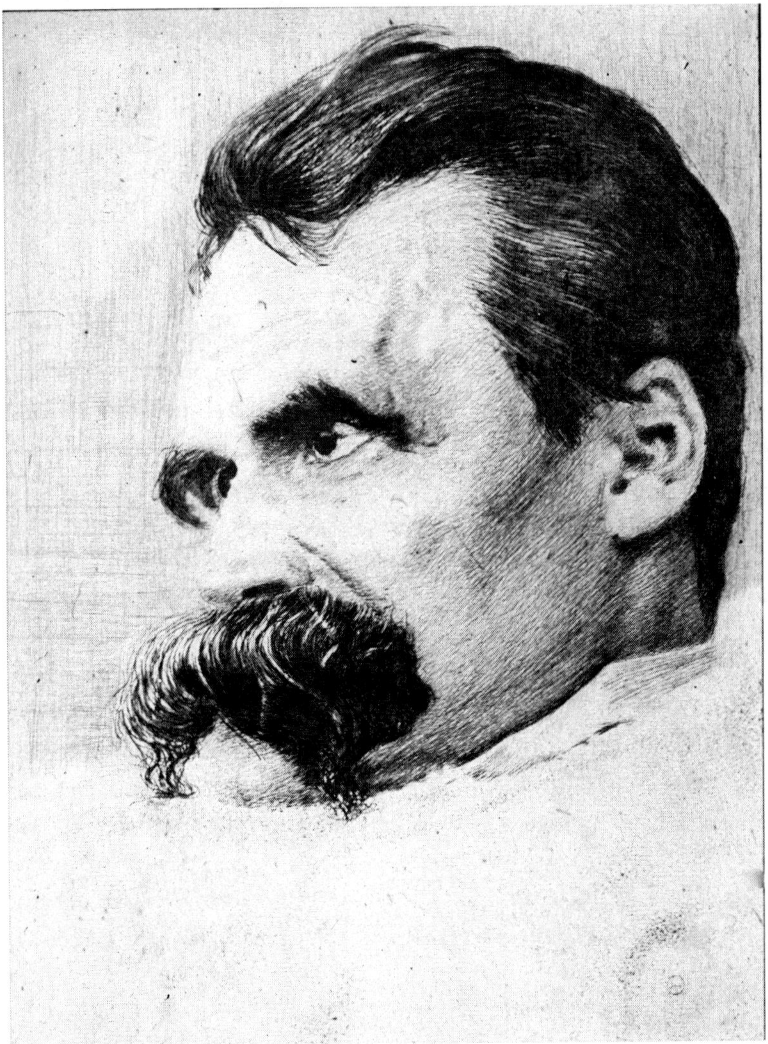

Nietzsche von Hans Olde (1855-1917), Berlin, Privatsammlung

Das Leiden am sinnlosen Leben

Nietzsches Philosophie des Lebens zielt auf die Überwindung des Nihilismus seiner Zeit ebenso wie auf die Verwandlung der Sinnlosigkeit durch den Versuch einer neuen Sinngebung. Paul Watzlawick (1921-2007) formulierte: „Die Abwesenheit von Sinn ist der Schrecken des existenziellen Nichts.“[74] Die Sinngebungsstrategie Nietzsches führte zu seiner ‚Lebensphilosophie im Zeichen des Dionysischen‘. Bereits Wilhem Dilthey (1833-1911) deutete die Philosophie Nietzsches als eine lebensphilosophische Position, die das Dasein aus sich selbst heraus interpretiert.[75] Martin Heidegger, der mit seiner existentialen Analytik „eine Möglichkeit der Beantwortung der Frage nach dem *Sinn von Sein* überhaupt zu finden“[76] suchte, bezog sich damit ebenfalls auf Nietzsche.[77]

Nietzsches ‚Lebensphilosophie‘ diagnostizierte zunächst den Tod der Tragödie, die Grenzen der Wissenschaft, dekadente Zeiterscheinungen, den Niedergang und Verfall der Kultur und des Christentums; er hoffte auf eine Wiedergeburt der Tragödie, eine Erneuerung und Läuterung durch die Musik. In „Wagners musikalischem Drama glaubte er eine Welt zu finden, die durch das Schöne den Menschen über den Schmerz erhebt. Es war in gewissem Sinne eine Welt der Illusion, die Nietzsche ganz bewusst suchte, um über das Elend der Welt hinwegzukommen“.[78] Dionysos war für Nietzsche das Symbol der Wiedergeburt. Den geschichtlichen Tatbestand seiner Zeit fasste Nietzsche in das Wort: „Gott ist tot“ (KSA 3, FW, S. 480).

Nietzsche war aufs Tiefste mit seiner Zeit verschmolzen und das Alltägliche war ihm etwas tief Verabscheuungswürdiges geworden. Er stand in Opposition zu vielem, was aus seiner Zeit auf ihn einstürmte. Steiner charakterisierte dazu: „Er nimmt diese Stürme so auf, dass er tief durch sie leidet, und im Leiden, in unsäglichen Seelenschmerzen den Inhalt der eigenen Seele schafft. Das war die Tragik seines Schaffens.“[79] In diesem Sinne war Nietzsche eine „unzeitgemäße Persönlichkeit“ und ein „Kämpfer gegen seine Zeit“.[80] Das Miterleben seiner Zeit vollzog sich in Nietzsche existenziell und leidvoll. „Er konnte sich aber nicht freuen über die Zeit, sondern nur leiden. Das konnte Nietzsche: leiden; nicht aber sich freuen. Darin liegt die Lösung des Nietzsche-Problems.“[81]

Er fühlte die Auseinandersetzung mit der modernen naturwissenschaftlichen Weltanschauung als eine „sein ganzes Gemütsleben erschütternde Herzenssache". Zugleich konnte er, so Steiner, mit-leiden: „Das Leiden auf dem Grunde jeder Menschenseele fühlte dieser feingeistige Mensch in besonderem Maße."[82] Trotz seiner Lebensbejahung bedeutete Leben für ihn: Leiden ertragen. „Und wenn das Dasein unzählige Male wiederkehrt: ihm kann es doch nichts bringen als nimmer endende Wiederholung der gleichen Qualen".[83]

Sein Leidensweg scheint innerlich wie verschmolzen mit seiner gesamten Kultur. „In Nietzsche stellt sich der moderne Mensch dar, welcher seelisch am meisten gelitten hat und auch daran zugrunde gegangen ist an der Kultur des letzten Drittels des 19. Jahrhunderts".[84] Das Leiden an den Kulturerscheinungen seiner Zeit fasste Steiner so zusammen:

Innerhalb der ganzen neueren Kultur drückt sich aus im letzten Drittel des 19. Jahrhunderts, dass diese Kultur sich selbst ad absurdum führen muss. Die Kunst lief ein in Werte, die man nur dann begreifen konnte, wenn man sie in ihrer Selbstauflösung begriff. Die Wissenschaft kam immer mehr dazu, ihre eigene Nichtigkeit gegenüber dem Übersinnlichen als höchste Weisheit zu predigen. Nietzsche litt daran. Er litt an Schopenhauer, an Richard Wagner, an dem wiederauferweckten Voltairismus vom letzten Drittel des 19. Jahrhunderts, er litt an der ganzen Kultur des letzten Drittels des 19. Jahrhunderts, und prägte aus diesem Leiden heraus zwei grandiose, überwältigende, aber Verzweiflung weckende Ideen, die Idee vom Übermenschen und die Idee von der Wiederkunft des Gleichen. [...] Übermensch ist für Nietzsche einfach das starke, große Illusionsmittel, Betäubungsmittel gegen die Unmöglichkeit, aus der Kultur des 19. Jahrhunderts heraus zu einer Anschauung über den Menschen zu kommen.[85]

Indessen hat Nietzsche viel darüber gesagt, was der „Übermensch" nicht sein wird; „aber zur positiven Aufstellung dieses Zukunftsideals hat es der Denker-Ikaros nicht bringen können".[86] Stattdessen fokussierte er den Blick in die Weltgeschichte auf einige auserlesene Individuen und sprach davon, dass die Menschheit fortwährend daran arbeiten solle, einzelne große Männer zu erzeugen, denn dies und nichts anderes sonst sei ihre Aufgabe. „Er wollte überhaupt nur den Blick richten auf die paar Genies, welche die Menschheitsentwickelung hat".[87]

In der Logotherapie und Existenzanalyse des österreichischen Neurologen und Psychiaters *Viktor Emil Frankl* (1905-1997), die auch als „sinnzentrierte Form der Psychotherapie" bezeichnet werden kann, wird auf das Grundbedürfnis des Menschen nach Sinngebung verwiesen. 1923 verfasste Frankl eine Abhandlung über *Die Psychologie des philosophischen Denkens* und 1948/49 seine philosophische Dissertation mit dem Titel *Der unbewußte Gott.*[88] Frankl betonte: „Sinn muss gefunden werden, kann nicht erzeugt werden"[89] und schilderte in *Ärztliche Seelsorge*, wie Leiderfahrungen in Geduld und Tapferkeit ertragen werden können:

Das Leiden, die Not gehört zum Leben dazu, wie das Schicksal und der Tod. Sie alle lassen sich vom Leben nicht abtrennen, ohne dessen Sinn nachgerade zu zerstören. Not und Tod, das Schicksal und das Leiden vom Leben abzulösen, hieße dem Leben die Gestalt, die Form nehmen. Erst unter den Hammerschlägen des Schicksals, in der Weißglut des Leidens an ihm, gewinnt das Leben Form und Gestalt.[90]

Aus eigenem Erleben des Leids im Konzentrationslager formulierte Frankl seine Einsicht: „Nur die rehumanisierte Psychotherapie kann die Zeichen der Zeit verstehen und den Nöten der Zeit sich stellen."[91] Frankl fügte seiner „Höhentherapie" den Geistaspekt hinzu, ohne den die menschliche Existenz nicht auskommt, und erklärte: „Erst die Haltung und Einstellung, mit der der Mensch einem unvermeidlichen und unabänderlichen Schicksal begegnet, verstattet ihm, Zeugnis abzulegen von etwas, wessen der Mensch fähig ist: das Leiden in eine Leistung umzugestalten."[92]

Auch bei Nietzsche erweist sich die Erfahrung des Leidens als ein Schlüssel zur Interpretation seines Werkes. In diesem Sinne kommentierte Hufnagel: „Voraussetzung für eine Interpretation des Nietzscheschen Werkes sind ausgeprägte Erfahrungen des Leidens, bis ans Pathologische grenzende Sensibilität und das, was seit den Tagen des Erasmus von Rotterdam *nobilitas* heißt."[93]

Nietzsche verstand es, seinen Schmerz in Erkenntnis zu verwandeln und so seinem Leiden Sinn zu geben, was er mehrfach in seiner Autobiographie *Ecce homo* bekannte:

Mitten in Martern, die ein ununterbrochener dreitägiger Gehirn-Schmerz samt mühseligem Schleimerbrechen mit sich bringt, – besaß ich eine Dialektiker-Klarheit par excellence und dachte Dinge sehr kaltblütig durch, zu denen ich in gesünderen Verhältnissen [...] nicht raffiniert, nicht kalt genug bin. (EH, KSA 6, S. 266)

Es klingt fast zeitgenössisch, wie nach modernen Erkenntnissen der Salutogenese[94] oder nach dem Titel von Georg Kühlewinds Buch: *Vom Normalen zum Gesunden*"[95], wenn Nietzsche auch die Begriffe von Normal, Gesundheit und Krankheit relativiert, individualisiert und sinngebend umdeutend formuliert:

... eine Gesundheit an sich gibt es nicht [...] es kommt auf dein Ziel, deinen Horizont, deine Kräfte, deine Antriebe, deine Irrtümer und namentlich auf die Ideale und Phantasmen deiner Seele an, um zu bestimmen, w a s selbst für deinen Leib Gesundheit zu bedeuten habe [...] Zuletzt bleibe noch die grosse Frage offen, ob wir der Erkrankung entbehren könnten, [...] ob nicht der alleinige Wille zur Gesundheit ein Vorurteil, eine Feigheit, und nicht vielleicht ein Stück feinster Barbarei und Rückständigkeit sei. (FW, KSA 3, S. 477)

Auch die Kunst wurde für Nietzsche zu einem letzten Garanten von Sinn-Erfahrung. Er übertrug diese Funktion der Kunst auf die Welt im Ganzen, denn „nur als ästhetisches Phänomen ist das Dasein und die Welt ewig gerechtfertigt" (KSA, GT 1, 47, 23-30). Die Kunst tritt an die Stelle der Religion. Beide fließen aus einem Quell, wobei er der Kunst die zeitgemäßere, ‚metaphysische' Qualität zuerkannte. Deutlich geht dies aus dem ungefähr gleichzeitig notierten Fragment 9 [94] des Jahres 1871 (NL 1871, KSA 7, 309, 10-16) hervor:

Die Kunstperiode ist eine Fortsetzung der mythen- und religionbildenden Periode. / Es ist *ein* Quell, aus dem Kunst und Religion fliest. / Jetzt ist es gerathen, die Reste des religiösen Lebens zu beseitigen, weil sie matt und unfruchtbar sind und die Hingebung an ein eigentliches Ziel abschwächen. Tod dem Schwachen!

Dementsprechend bezeichnete er im Vorwort an Richard Wagner die Kunst als die „eigentlich metaphysische Thätigkeit dieses Lebens" (KSA, GT 1, 24, 15) und notierte rückblickend (NL 1878, KSA 8, 27[79], 500): „Ich war verliebt in die Kunst mit wahrer Leidenschaft und sah zuletzt in allem Seienden nichts als Kunst."

In Wagner sah Nietzsche den Wiederbringer einer Kultur, die Sokrates vernichtet hatte.

Er schuf sich den wirklichen Wagner zu einem solchen Idealbilde um, das er brauchte, um die Kultur des Abendlandes, die er als Niedergangserscheinung empfand, ertragen zu können. Ein tragisches Ereignis war es in seinem Leben, als er gewahr wurde, dass sein Idealbild von Wagner nichts mit dem wirklichen Wagner zu tun hatte. Er wurde nunmehr ebenso heftiger Gegner von Wagner, wie er früher sein Anhänger war. Im Grunde wurde er aber nur Gegner seines eigenen Ideals. Er fiel nicht von Richard Wagner ab; er fiel von dem Vorstellungskreise ab, in dem er in einer Epoche seines Lebens den Ausweg gesucht hatte aus der Grundstimmung seiner Seele gegenüber der Nichtigkeit des Daseins.[96]

Immer wieder wurde von Autoren darauf hingewiesen, dass es zum Verständnis des späten Nietzsche „unumgänglich [sei], in seine Kindheit und

Jugend zurückzugehen".[97] Auch wenn wir eine diesbezügliche Kausalbetrachtung nicht teilen, können wir doch festhalten, dass Nietzsche eine das Leben verneinende Art von Christentum kennengelernt hatte, die ihn natürlich prägte. Entsprechend mag die Vorstellung von Dionysos für den späten Nietzsche „Sinnintegration und Bejahung des Daseins, trotz aller Widersprüchlichkeit"[98] bedeutet haben, im Sinne einer funktionalen Auffassung von Religiosität, als die Fähigkeit, auf das Leiden im Dasein zu antworten. Damit erhält die Religion eine lebensbejahende und lebensfördernde Dimension. Das ihn verborgen quälende „Kindheitstrauma der Abwesenheit Gottes" suchte er durch künstlerische Gestaltung zu überwinden.[99]

Nietzsches Sprung in die Transzendenz schilderte Karl Jaspers in seinen Vorlesungen über Vernunft und Existenz so:

> Jederzeit ist sich Nietzsche bewußt, auf dem Meer des Unendlichen sich zu bewegen, das Land für immer preisgegeben zu haben. ... Nietzsche, zunichte werdend in seiner Einsamkeit, ohne Menschen und ohne den alten Gott, sieht Zarathustra und denkt die ewige Wiederkehr, diesen Gedanken, der ihn ebenso erschauern läßt wie beglückt. Ständig lebt er wie ein zu Tode Verwundeter. An seinen Problemen leidet er. Sein Denken ist ein Sichaufraffen: „Wenn ich nur den Mut hätte, alles zu denken, was ich weiß". Aber in dem grenzenlosen Reflektieren werden ihm doch die ihn so tief befriedigenden, in der Tat transzendenten Gehalte offenbar.[100]

Nietzsche versuchte, das Leben im Alltag nicht durch den Tod zu überwinden, sondern durch ein höheres Leben in seiner Philosophie des höchsten Lebensgenusses.

> Es kann keinen größeren Gegensatz zu dieser Verklärung des Todes geben als Nietzsches Lebenstrunkenheit. Auch für Nietzsche hat die materielle, von ‚ewigen, ehernen Gesetzen' beherrschte Welt keinen Daseinswert in sich. In jeder seiner Lebensperioden hegt er diese Gesinnung. Die christliche Verachtung des materiellen Dasein steckt in ihm.[101]

Er, der „Evangelist des Diesseits, der Verächter alles Jenseits-Göttlichen"[102] stellte deshalb zunächst dem Christentum das Griechentum gegenüber, in dem er die verkörperte Welt der Schönheit und des idealen Lebensgenusses sah. Nur als ästhetisches Phänomen, als Kunst, ließ sich für ihn die Welt ertragen, denn, so Steiner: „Wer die Welt sich durch Schönheit verklären kann, ist wahrer Mensch."[103]

Die Bändigung der Wissenschaft

Schon im 1. Kapitel vom *Versuch einer Selbstkritik* stellte Nietzsche Symptome von „Niedergang und Verfall" (KSA, GT, 1, 12, 9; 12, 26) fest, „bei uns, den ‚modernen', Menschen und Europäern" (12, 11 f.). Der „Sokratismus" war ihm ein „Zeichen des Niedergangs" (12, 26) und nur ein anderes Wort für eine alles durchdringende Rationalität, welche die natürlichen Instinkte erstickt und deshalb lebensfeindlich wirkt.[104] Er kämpfte gegen das „Wissen" und die „Wissenschaft", gegen den im Zeichen des Rationalen und der „Erkenntnis" stehenden „Sokratismus" und setzte das ‚Dionysische', mit seinem irrationalen, antizivilisatorischen Prinzip, dagegen. In seiner Tragödienschrift schilderte er, wie das ‚Dionysische' in einer von rationalen Kräften dominierten, aufklärungs- und fortschritts-orientierten Gesellschaft unterdrückt wird.

Diese in seiner Tragödienschrift formulierten Auffassungen wurden von verschiedenen Zeitgenossen geteilt und unterstützt, wie etwa von seinem Freund Erwin Rohde, der sich in einer Anzeige in der *Norddeutschen Allgemeinen Zeitung* an alle „ernst Gesinnten" wandte, und natürlich von Wagner, der am 23. Juni 1872 Nietzsches „tiefsinnige Abhandlung" in der *Norddeutschen Zeitung* gegen die Kritik von Wilamowitz-Moellendorff verteidigte. Der später für Generationen berühmteste klassische Philologe Ulrich von Wilamowitz-Moellendorff (1848-1931) hatte in der Mitte des Jahres 1872 Nietzsches Tragödienschrift kritisiert und schwere „vorwürfe der unwissenheit und des mangels an wahrheitsliebe" und gegen die „alle schranken brechende orgiastische mystik"[105] erhoben.

Ulrich von Wilamowitz-Moellendorff

Ganz im Sinne Nietzsches hielt auch der griechische Dichter Nikos Kazantzakis (1883-1957), dessen „Alexis Sorbas“ (1946)[106] wir als eine Verwandlung von Nietzsches Übermenschen ansehen können, der modernen Gesellschaft seiner Zeit entgegen, dass das gegenwärtige Leben zu abstrakt sei, immer mehr intellektualisiert werde und dass es seine Verbindung zur Erde und zu den Naturinstinkten verliere. Der gebildete moderne Mensch, ein leidenschaftsloser Buddha, „sitzt in äußerster Einsamkeit und zerlegt die Musik in stumme, mathematische Gleichungen“.[107]

Zur ‚Wirkung‘ seiner Tragödienschrift gehört auch die ‚Wirkung‘ bei Nietzsche selbst, der sich als philosophierender Dichter in der kulturellen Mission sah, in einer Zeit des vom Niedergang bedrohten „Lebens“, die Wissenschaft zu „bändigen“. Er wandte sich von der Wissenschaft ab, um diese als philosophierender Dichter in einer Zeit des vom Niedergang bedrohten „Lebens“ durch die Kunst zu bändigen und : „Die Bändigung der Wissenschaft geschieht jetzt nur noch durch die Kunst“ und: „Ungeheure Aufgabe und Würde der Kunst in dieser Aufgabe! Sie muß alles neu schaffen und ganz allein das Leben neu gebären!“ (NL 1872/1873, KSA 7, 19[36], 428, 28-429, 1).

Die damit verbundene grundlegende Problematik, auf die Nietzsche mit seiner Tragödienschrift zielte, sprach sich deutlich in der enttäuschten Reaktion seines Lehrers Ritschl aus, die dieser nach der Zusendung von Nietzsches Tragödienschrift in einem Brief vom 14. Februar 1872 formulierte:

> Wenn ich nun aber, trotz Ihres Wunsches, zu einer eingehenden Besprechung Ihrer Schrift, die für Sie irgend einen Werth haben könnte, mich auch jetzt noch außer Stande fühle und wohl auch weiterhin außer Stande fühlen werde, so müssen Sie bedenken, daß ich zu alt bin, um mich noch ganz nach neuen Lebens- und Geistwegen umzuschauen. Meiner ganzen Natur nach gehöre ich, was die Hauptsache ist, der historischen Richtung und historischen Betrachtung der menschlichen Dinge so entschieden an, daß mir nie die Erlösung der Welt in einem oder dem anderen philosophischen System gefunden zu sein schien; daß ich auch niemals das natürliche Abblühen einer Epoche oder Erscheinung mit ‚Selbstmord‘ bezeichnen kann; daß ich in der Individualisierung des Lebens keinen Rückschritt zu erkennen, und nicht zu glauben vermag, daß die geistigen Lebensformen und –potenzen eines von Natur und durch geschichtliche Entwickelung selten begabten, gewissermaßen privilegierten Volkes absolut maßgebend für alle Völker und Zeiten seien – so wenig wie eine Religion für

die verschiedenen Völkerindividualitäten ausreicht, ausgereicht hat und je ausreichen wird. – Sie können dem „Alexandriner" und Gelehrten unmöglich zumuthen, daß er die E r k e n n t n i s verurtheile und n u r in der Kunst die weltumgestaltende, die erlösende und befreiende Kraft erblicke. Die Welt ist Jedem ein Anderes: und da wir so wenig, wie die in Blätter und Blüthen sich individualisierende Pflanze in ihre Wurzel zurückkehren kann, unsere ‚Individuation' überwinden können, so wird sich in der großen Lebensökonomie auch jedes Volk seinen Anlagen und seiner besonderen Mission gemäß ausleben müssen. [...]

Ob sich Ihre Anschauungen als neue E r z i e h u n g s fundamente verwerthen lassen, – ob nicht die große Masse unserer Jugend auf solchem Wege nur zu einer unreifen Mißachtung der Wissenschaft gelangen würde, ohne dafür eine gesteigerte Empfindung für die Kunst einzutauschen, – ob wir nicht dadurch, anstatt Poesie zu verbreiten, vielmehr Gefahr liefen, einem allseitigen Dilettantismus Thür und Thor zu öffnen – : das sind Bedenken, die dem alten Pädagogen vergönnt sein müssen, ohne daß er sich, meine ich, deshalb als ‚Meister Zettel' zu fühlen braucht. (KGB II 2, Nr. 285, S. 541-543)

Die von Nietzsche vertretene Philosophie bezeichnete er selbst als „eine Form der Dichtkunst" (NL 1872/1873, KSA 7 19[62], 439, 5). Er verkündete diese in seinen späteren Schriften als ‚Lebens-Philosophie' im Zeichen des ‚Dionysischen'. Doch die von Nietzsche gesuchte Einheit von Selbst und Welt hat ihren Wert nur im Erkennen, im begrifflich vermittelten Wissen. Nietzsche hat, in allem was er vortrug, auf dieses Wissen gesetzt und dieses begrifflich ausformuliert. Ein Verzicht auf *Menschlichkeit* und *Vernunft* hätte verheerende Folgen, was uns nicht nur das Beispiel Nietzsche, sondern auch das ganze zwanzigste Jahrhundert lehren kann. Nur im Bewusstsein seiner *Individualität* kann der Mensch des 21. Jahrhunderts seine Aufgaben erfüllen.[108] Nietzsche hatte versucht das Rätsel der Individualität zu lösen und zerbrach daran. Deshalb formulierte Steiner: „Es ist, [...] die geistige Tragik Nietzsches, dass er den Menschen nie bis in die Geheimnisse der Individualität hinein verfolgt hat."[109]

Sokrates fand sich, so Nietzsche, als „der Einzige" vor, der sich eingestehen musste, „nichts zu wissen" (KSA, GT, 1, S. 89) und hatte es „als ein Einzelner" gewagt, „das griechische Wesen zu verneinen" (KSA, GT 1, S. 90). Max Stirner hatte in seinem Buch *Der Einzige und sein Eigentum* diesen Gedanken bereits in den vierziger Jahren des 19. Jahrhunderts konsequent ausgeführt,

„allerdings nicht in solch gesättigten Herztönen wie Nietzsche, aber dafür in kristallklaren Gedanken, neben denen sich Nietzsches Aphorismen allerdings oft wie ein bloßes Stammeln ausnehmen“[110]. Doch wir wissen nicht, ob Nietzsche sich mit Stirner auseinandergesetzt hat. In seinen Schriften ist kein direkter Einfluss Stirners erkennbar und so muss die Frage, welchen Weg Nietzsche genommen hätte, wenn nicht Schopenhauer, sondern Stirner sein Erzieher gewesen wäre, unbeantwortet bleiben.[111] „Aus eigener Kraft musste sich Nietzsche aus dem deutschen Idealismus heraus zu einer der Stirnerschen gleichen Weltauffassung durchringen“.[112]

Indem Sokrates sich anmaßte, das göttliche Orakel von Delphi einer eigenständigen philosophischen Prüfung zu unterwerfen, andere befragte, ob *sie* nicht weiser seien als er selbst, wurde er zum Schicksal der Philosophie und der Menschheit. Genau so sah sich auch Nietzsche als „Schicksal“ und trat damit gegen Sokrates an, gegen den er kämpfte. Er hatte sich dazu bereits 1875 notiert: „Socrates [...] um es nur zu bekennen, steht mir so nahe, dass ich fast immer einen Kampf mit ihm kämpfe“ (KSA 8, 6[3], Nachlass 1875). Entsprechend formulierte er in den Titelüberschriften seines *Ecce Homo*, ganz im Sinne von Sokrates: „Warum ich so weise bin?“, „Warum ich so gute Bücher schreibe?“, „Warum ich so klug bin?“[113]

Zur großen ‚Auszeichnung‘ des Sokrates, die „Universalität der Wissensgier“ (KSA, GT, 15, 1, 99) erzeugt zu haben, fügte Nietzsche hinzu: „[...] wer dies Alles, samt der erstaunlich hohen Wissenspyramide, der Gegenwart, sich vergegenwärtigt, der kann sich gar nicht entbrechen, in Sokrates den einen Wendepunkt und Wirbel der sogenannten Weltgeschichte zu sehen“ (KSA, GT 15, 1, 100). In der Vorrede zur *Geburt der Tragödie* sah sich Nietzsche – im erhofften Verein mit Wagner – selbst in einem solchen „Wirbel und Wendepunkt“ der Geschichte, weshalb es folgerichtig ist, seine hymnische Passage über Sokrates auf ihn selber zu beziehen. Er empfand sich wie Sokrates als „der Einzige“, der sich letztlich eingestehen musste „nichts zu wissen“ (GT 13, 1, 89).

> [...] er [...] Sokrates, der Einzelne, tritt mit der Miene der Nichtachtung und der Ueberlegenheit, als der Vorläufer einer ganz anders gearteten Cultur, Kunst und Moral, in eine Welt hinein, deren Zipfel mit Ehrfurcht zu erhaschen wir uns zum größten Glücke rechnen würden. (GT 13, 1, S. 89 f.)

Den sokratischen Rationalismus des Intellekts und Selber-Denken-Könnens, den er bekämpfte, praktizierte er schließlich selbst existenziell. Nietzsche war ein scharfer und selbstständiger Denker und wurde zum Individuum durch sein Denken. „Andere *denken* Philosophie; Nietzsche musste Philosophie *leben*."[114] Dem Philosophen aber ist das Denken, wie er sich bereits früh notierte, sein Schicksal: „Wenn Denken dein Schicksal ist, so verehre dieses Schicksal mit göttlichen Ehren und opfere ihm das Beste, das Liebste" (KSA 8, 22[95], Nachlass 1877).

In Nietzsche wurde das Denken existenziell und darin glich er Sokrates. Sokrates „denkt nicht nur *selbst*, er führt nicht nur vor, was das *Selberdenken* für ihn selber heißt, sondern er bringt es in seinem Leben und Sterben auch zur äußersten Konsequenz. In Sokrates wird das Denken *existenziell*".[115] Sokrates ist der „Gegner" des Dionysos, er ist der „neue [...] Orpheus, der sich gegen Dionysos erhebt" und „den übermächtigen Gott selbst zur Flucht nöthigt" (KSA, GT 1, 7). Damit haben wir ein wesentliches Abbild von Nietzsches Seelenstruktur vor uns. Er fällte das vernichtende Urteil über den „mörderischen" Apolliniker Sokrates kraft seines eigenständigen (sokratischen) Denkens, was einer Selbstvernichtung, einem geistigen Suizid gleicht. In ihm wurde, wie in Sokrates, das Denken existenziell, womit er an das Tor zur Selbst-Werdung klopfte, um dann schließlich mittels seines existenziellen Denkens das (sokratische) Denken zu negieren. Sein Geist wurde dadurch ‚Geistes-Krank' und der geistbefeuerte Kritiker seiner Zeit erkrankte an seiner eigenen Kritik. Schließlich musste er daran zerbrechen und sich spalten. Die Macht des Sokrates könnte kaum größer sein. Steiner fasste diesen Tatbestand in die treffenden Worte:

> Nietzsche kämpft fast immer, wo er kämpft, gegen sich selbst. Als er in der ersten Zeit seines schriftstellerischen Wirkens heftig gegen die Philologie zu Felde zog: da war es der Philologe in ihm, den er bekämpfte, dieser ausgezeichnete Philologe, der vor der Ablegung des Doktorexamens bereits zum Universitätsprofessor ernannt worden war. Als er, von 1876 ab, mit seinem Kampf gegen die Ideale begann, da hatte er seinen eignen Idealismus im Auge. Und als er am Ende seiner Schriftstellerlaufbahn seinen beispiellos heftigen „Antichrist" schrieb, da war es wieder nichts anderes als das heimliche Christliche in ihm selber, wodurch er herausgefordert wurde.[116]

Den Ausweg, den Nietzsche zunächst sah, war der „singende Sokrates" und die „Rückkehr des Verdrängten" durch Dionysos. Damit wäre eine Vereinigung des ‚lebendig'-Dionysischen mit dem ‚trocken-intellektuellen'-Sokratischen in der Kunst geschaffen. In anderen Worten drückt Meyer diesen Gedanken aus: „Treibt man die intellektuelle Redlichkeit und die Leidenschaft der Erkenntnis auf die Spitze, beißt sich der Geist der Wissenschaft selbst in den Schwanz und ermöglicht auf diese Weise eine Wiedergeburt der Kunst."[117] Mit dem musiktreibenden, singenden Sokrates, als Ausweg für Nietzsche aus dem Dilemma, hat das ursprüngliche Ideal der *Geburt der Tragödie* in seinen Werken *Menschliches, Allzumenschliches* bis zum *Zarathustra* seine Selbsterfüllung gefunden.

Nach wie vor ist jedoch Nietzsches Wissenschafts- und Kulturkritik nicht nur anregend zu lesen, sondern ein Quell für alle die Denker, welche die allzu engen Grenzen des Intellekts leidvoll an sich selbst bemerken und, wie Nietzsche, einen Ausweg aus diesem Dilemma suchen. Steiner, der Nietzsche als den Geist bezeichnete, der „eine Neugestaltung aller Lebensführung im weitesten Sinne anstrebt"[118], gab dazu die Empfehlung: „Wer Gelegenheit hat sich nachher gehörig zu erholen, und wer kein Philister ist, der lese Nietzsche. Wir empfehlen es allen, die nicht wollen, dass ihr Gehirn sauer wird."[119]

Nietzsche und der Wahnsinn . Bild von Russolo, Luigi (1885-1945), entstanden 1907/08, Standort: Mailand, Castello Sforzesco

Die *Geburt der Tragödie* aus dem Wahnsinn?

In seinem Gedicht *Ecce homo* (KSA 3, S. 367) aus seiner *fröhlichen Wissenschaft* führt uns Nietzsche sein Lebensrätsel vor:

> Ja, ich weiß, woher ich stamme,
> Ungesättigt gleich der Flamme
> Glühe und verzehr' ich mich.
> Licht wird alles was ich fasse,
> Kohle alles, was ich lasse,
> Flamme bin ich sicherlich.

Es scheint fast, als wäre die geschilderte alte Tempellegende des Pausanias, in der Euripiles beim Anblick des Dionysos-Idols im Schrein wahnsinnig wurde, eine mythische Widerspiegelung von Nietzsches Schicksal. Er verlor den Verstand, in dem er der Welt Dionysos zurückgab, tauchte manchmal wieder auf und verschwand wieder. Darin bestand seine Mission und zugleich sein seherischer Wahnsinn. Erst im Moment des sich nahenden Wahnsinns erkannte Nietzsche den ‚leidenden Dionysos' und nannte sich gleichsam prophetisch in einem Brief den ‚gekreuzigten Dionysos'.

Franz Overbeck

Anfang Januar 1889 erlitt Nietzsche in Turin einen geistigen Zusammenbruch, dessen Ursachen bis heute unklar und umstritten sind. Auf den aktuellen Forschungsstand dazu kann hier nur kurz verwiesen werden.[120] Er schickte seine sogenannten „Wahnzettel" an enge Freunde sowie auch an Cosima Wagner, Jakob Burckhardt und Franz Overbeck (1837-1905). Letzterer brachte Nietzsche zunächst in die Irrenanstalt Friedmatt in Basel, von wo aus er nach seiner vollständigen Umnachtung von seiner Mutter in die Psychiatrische Universitätsklinik Jena gebracht wurde. Nachdem ihn 1890

Elisabeth Förster Nietzsche 1916

seine Mutter wieder zu sich nach Naumburg nehmen durfte, konnte er gelegentlich kurze Gespräche führen und Einiges erinnern, um dann wieder plötzlich in Wahnvorstellungen zu verfallen.

Rudolf Steiner, der Autor der *Philosophie der Freiheit* (1894) und von *Friedrich Nietzsche – Ein Kämpfer gegen seine* Zeit (1895), hatte 1889 die erste Bekanntschaft mit Nietzsches Schriften gemacht.[121] Er war von 1884 bis 1897 für Kürschners *Deutsche National-Litteratur* mit der Herausgabe von Goethes Naturwissenschaftlichen Schriften befasst und schrieb auch die ausführlichen Einleitungen dazu.[122] Vor der Abfassung seines Nietzsche-Buches machte er die Bekanntschaft mit Elisabeth Förster-Nietzsche (1846-1935), verbrachte dadurch einige Zeit im Nietzsche Archiv in Naumburg und Weimar und konnte Nietzsche im Zustand der Umnachtung sehen. In einem 1909 in Berlin gehaltenen Vortrag schilderte er seine Begegnung mit Nietzsche:

Zu den Ereignissen, die man nicht wieder vergisst, gehört für mich das einzige Zusammentreffen mit Friedrich Nietzsche. Er war damals schon wahnsinnig. Der Anblick war sehr, sehr bedeutsam. Man stelle sich vor einen Menschen, einen Mann, der den ganzen Vormittag mit der Frage sich beschäftigt hat, die ihm naheliegt, und der den Wunsch hat, nach Tisch sich etwas auszuruhen und die Gedanken in sich nachklingen zu lassen: so lag er da. Man hatte den Eindruck eines völlig Gesunden, und dabei war er schon vollständig wahnsinnig; er erkannte niemanden. Seine Stirn war gemodelt wie eine zwischen Künstler- und Denkerstirne liegende, und war doch die Stirn eines Wahnsinnigen. Es war ein Rätsel, was man vor sich zu haben schien. Menschen von seiner Art des Wahnsinns hätten ganz anders aussehen müssen.[123]

Noch ausführlicher schilderte Steiner einige Jahre später sein Erlebnis in *Mein Lebensgang*:

Kurz bevor ich an die Niederschrift dieses Buches ging, erschien eines Tages Nietzsches Schwester, Elisabeth Förster-Nietzsche im Goethe- und Schiller-Archiv. Sie machte eben die ersten Schritte zur Gründung eines Nietzsche-Archives und wollte erfahren, wie das Goethe- und Schiller-Archiv eingerichtet war. Bald darauf erschien auch der Herausgeber von Nietzsches Werken, Fritz Koegel, in Weimar, und ich lernte ihn kennen. [...] ... ich bin Frau Förster-Nietzsche doch dankbar, dass sie mich bei dem ersten der vielen Besuche, die ich bei ihr machen durfte, in das Zimmer Friedrich Nietzsches führte. Da lag der Umnachtete mit der wunderbar schönen Stirne, Künstler- und Denkerstirne zugleich, auf einem Ruhesofa. Es waren die ersten Nachmittagsstunden. Diese Augen, die im Erloschensein noch durchseelt wirkten, nahmen nur noch ein Bild der Umgebung auf, dass keinen Zugang zur Seele mehr hatte. Man stand da, und Nietzsche wusste nichts davon. Und doch hätte man von dem durchgeistigten Antlitz noch glauben können, dass es der Ausdruck einer Seele wäre, die den ganzen Vormittag Gedanken in sich gebildet hatte, und die nun eine Weile ruhen wollte. Eine innere Erschütterung, die meine Seele ergriff, durfte meinen, dass sie sich in Verständnis für den Genius verwandle, dessen Blick auf mich gerichtet war, mich aber nicht traf. Die Passivität dieses lange Zeit verharrenden Blickes löste das Verständnis des eigenen Blickes aus, der die Seelenkraft des Auges wirken lassen durfte, ohne dass ihm begegnet wurde.

Und so stand vor meiner Seele: Nietzsches Seele wie schwebend über seinem Haupte, unbegrenzt schön in ihrem Geisteslichte; frei hingegeben geistigen Welten, die sie vor der Umnachtung ersehnt, aber nicht gefunden; aber gefesselt noch an den Leib, der nur so lange von ihr wusste, als diese Welt noch Sehnsucht war. Nietzsches Seele war noch da; aber sie konnte nur noch von außen den Körper halten, der ihr Widerstand bot, sich in ihrem vollen Lichte zu entfalten, so lange sie in seinem Innern war.[124]

Unmittelbar vor der Zeit seiner Umnachtung identifizierte Nietzsche sich mit verschiedenen religiösen Gestalten und schrieb seine sogenannten ‚Wahnsinnsbriefe'. Diese Aufzeichnungen Nietzsches bedürfen einer besonderen, psychologisch-psychiatrisch geschulten Interpretation, wie sie u.a. von Karl Jaspers (1883-1969) und Pia Daniela Volz vorgelegt wurden. In diesen ‚Briefen' oder Briefentwürfen unterschrieb Nietzsche am häufigsten mit „der Gekreuzigte" oder „Dionysos." Im Brief vom 3. Januar 1889 sprach er von seinen „Inkarnationen" bedeutender Gestalten der Geschichte und in einem Briefentwurf an Strindberg unterzeichnete er als „Nietzsche-Caesar". Obwohl seine

Identifikationen mit dem Gekreuzigten und Dionysos bereits als Ausdruck des Wahnsinns angesehen werden müssen, sind „selbst hier die Grenzen zwischen ‚Sinn' und ‚Wahnsinn' schwer festzustellen".[125] Zu Recht sagt Volz: „Nietzsches Äußerungen der letzten Turiner Zeit verdienen es, besonders aufmerksam gelesen zu werden, weil in der Phase des Übergangs zum Wahnsinn tief verborgene Bewusstseinsinhalte offenbar werden, auch wenn sie immer noch subtil verschlüsselt und stilisiert sind."[126] Die bei Nietzsche in seinen ‚Wahnsinnszeiten' zutage getretenen Bewusstseinsinhalte zeigen bei genauerer Betrachtung Ideen und Motive, die Nietzsche von Jugend an beschäftigten. Auch der Biograph der Turiner Zeit, Analecto Verrecchia, möchte „ganz allgemein darauf hinweisen, dass in Nietzsches Verrücktheit fast die gleichen Motive und Themen in pathologischer Form auftreten, die wir in seinen bei klarem Verstand geschriebenen Werken finden."[127] Der bedeutende russische Kulturphilosoph Vjačeslav Ivanov vermerkt, „dass Nietzsche erst zu dem Zeitpunkt des sich schon nahenden Wahnsinns in Dionysos den leidenden Gott erkennt, gleichsam unbewusst und prophetisch, in jedem Falle aber außerhalb und gegen den Zusammenhang mit seiner gesetzmäßigen und verkündeten Lehre".[128]

Steiner verwies in seinem Artikel in der „Wiener Klinischen Rundschau" auf Nietzsches „Mangel des Sinnes für objektive Wahrheit." Weiter charakterisierte er: „Nicht die Genialität Friedrich Nietzsches soll aus seiner kranken Konstitution erklärt werden. Nietzsche war Genie, *trotzdem* er krank war."[129]

Keineswegs war Nietzsche der Einzige, der sich bereits zu Lebzeiten als Reinkarnation von Dionysos ansah. Ptolemaios IV. Philopator im 3. Jh. v. Chr. ließ sich in Alexandria als Neos Dionysos feiern und noch sein ferner Nachfahre Ptolemaios XII. Auteletes († 51 v. Chr.) trug den Beinamen Neos Dionysos.[130] Den „alten Griechen" galt „Wahnsinn", die „Mania", ohnehin als Quelle göttlicher Inspiration, als ein Zeichen von höchster „Kraft" und „Gesundheit" und der Wahnsinnige wurde als ein in Verbindung mit den Göttern stehendes Wesen angesehen. Bei Platon heißt es dazu: „ ... *ein leichtes Wesen ist ein Dichter und geflügelt und heilig; und nicht eher vermögend zu dichten, bis er begeistert worden ist und die Vernunft nicht mehr in ihm wohnt.*" (Platon, Ion 534 b) Nietzsche selbst zitierte Platon, indem er schrieb: „‚Durch den Wahnsinn sind die größten Güter über Griechenland gekommen', sagte Platon mit der ganzen alten Menschheit" (M 14, KSA 3, 26-27).[131] Er nahm damit Bezug auf Platons Phaidros, in dem es heißt: „Denn wenn freilich ohne

Einschränkung gölte, daß der Wahnsinn ein Übel ist, dann wäre dieses wohl gesprochen: nun aber entstehen uns die größten Güter aus einem Wahnsinn, der jedoch durch göttliche Gunst verliehen wird. Denn die Prophetin zu Delphi und die Priesterinnen zu Dodone haben im Wahnsinn vieles Gute in besonderen und öffentlichen Angelegenheiten unserer Hellas zugewendet, bei Verstande aber Kümmerliches oder gar nichts." (Platon, Phaidros, 244a-245c)

Sokrates unterschied vier Arten des göttlichen Wahnsinns nach den ihn bewirkenden Gottheiten: den seherischen Wahnsinn des Apollos, den rituellen Wahnsinn des Dionysos, den dichterischen Wahnsinn der Musen und den Liebeswahnsinn des Eros und der Aphrodite (265B).[132] Auch Demokrit vertrat die Auffassung, dass es keinen großen Dichter jemals *„ohne Wahnsinn"* gegeben habe.[133]

In seinen Vorlesungen „Über Vernunft und Existenz", gehalten 1935 an der Universität Groningen (Holland), sprach Jaspers über Nietzsche und Kierkegaard:

> In ihrem Leben und Verhalten begegnen uns wunderliche, fremde Züge. Man hat sie leichthin *geisteskrank* genannt. Ohne dass die einzige Höhe ihres Denkens und der Adel ihres Wesens dadurch beeinträchtigt würde, vielmehr so, dass er erst ganz zutage tritt, sind sie in der Tat Gegenstand einer psychiatrischen Analyse, bei der eine typische Diagnose und Rubrizierung überall misslingt. Sie sind unter keinen früheren Typus (Dichter, Philosoph, Prophet, Heiliger, Genie) zu bringen; mit ihnen ist eine neue Gestalt menschlicher Wirklichkeit in die Geschichte getreten – sie sind ein gleichsam vertretendes Schicksal, Opfer, deren Weg aus der Welt hinaus zu Erfahrungen für andere führt. Sie sind mit dem restlosen Einsatz ihres ganzen Wesens wie eine moderne Gestalt der Märtyrer, die zu sein sie jedoch gerade negieren. Durch ihr Sein als Ausnahme erfüllen sie ihre Aufgabe.[134]

Zweifellos suchte Nietzsche nach seiner geistigen Herkunft und deren Erfüllung. In einer Aufzeichnung aus dem Nachlass, vom Herbst 1881 und damit Jahre vor dem ‚Wahnsinn', schrieb Nietzsche: „Mein Stolz dagegen ist, ‚ich habe eine Herkunft' – deshalb brauche ich den Ruhm nicht. In dem, was Zarathustra, Moses, Muhamed, Jesus, Plato, Brutus, Spinoza, Mirabeau bewegte, lebe ich auch schon, und in manchen Dingen kommt mir erst reif an's Tageslicht, was embryonisch ein paar Jahrtausende brauchte" (KGW V 2, 540, 15 [17]). Er identifizierte sich in diesen Fragmenten mit großen Gestalten der Vergangenheit, wobei gleich vier Religionsgründer aufgezählt wurden. Er ging davon aus, dass in ihm Themen vollendet wurden und zu ihrer endgültigen Gestalt reiften, die sich in der Kulturgeschichte der Menschheit über Jahrtausende hin entwickelten, gewissermaßen im Zustand der Schwangerschaft waren. Am Schluss dieses Fragmentes sagte er ausdrücklich: „Wir sind die ersten Aristokraten in der Geschichte des Geistes – der historische Sinn beginnt erst jetzt." Er fühlte, dass sich die Dinge erst in ihm vollendeten und ihm dämmerten die ‚wiederholten Erdenleben'.

In der Zeit seines „Wahnsinns" büßte Nietzsches Denken keineswegs seine symbolbildende Fähigkeit ein, sondern lediglich die Fähigkeit, zwischen biografischer und mythologischer Welt zu unterscheiden. „Er war nun nicht mehr der Philosoph Nietzsche, der sich darum bemühte, sich den Wiederkunftsgedanken einzuverleiben, sondern er war definitiv zu Dionysos geworden. Im gleichen Moment wurde Cosima Wagner, die einzige Frau, von der er wusste, dass sie dem Dienst am Ideal gewachsen war, zu seiner *Ariadne*".[135] Er bewahrte Cosima gegenüber bis in den Wahnsinn hinein eine Verehrung, wie keiner anderen Frau in seinem Leben und nannte sie „das einzige Weib größeren Stils, das ich kennengelernt habe" (KSA, NF, 13, 16). In *Ecce Homo* ruft Nietzsche aus: „Wer ausser mir weiß, was Ariadne ist?" (KSA, EH, 6, 348)

Dionysos, als Schirmherr des Theaters, sitzt mit Ariadne auf einer Kline umringt von Schauspielern eines Satyrspieles. Unten links der Dichter Demetrius und in der Mitte der Flötenspieler Pronomos. „Pronomosvase", Attischer Volutenkrater, um 400 v. Chr. Neapel, Nationalmuseum Nr. 3240

Im Januar 1889 beobachtete sein Vermieter heimlich durchs Schlüsselloch, wie Nietzsche im Dachstübchen seiner Turiner Wohnung nackt orgiastische Tänze aufführte. Als sein Freund Franz Overbeck nach Turin kam, um ihm zu helfen, „veranstaltete der offenbarte

Gott zur Feier des Tages einen rituellen Tanz, ‚ein Anblick', so der schockierte Overbeck, ‚der die orgiastische Vorstellung der heiligen Raserei, wie sie der antiken Tragödie zugrunde lag, auf grauenhafte Weise verkörperte'."[136] Er verfasste nach seinem Zusammenbruch sogar erotisch-pornografische Texte, die jedoch später von seiner Schwester vernichtet wurden.[137]

Schon während des sogenannten „Zusammenbruchs von Turin"[138] 1888/89 löste er sich in Figuren auf, die zuvor schon im Material seiner Masken des poetischen Ichs auftauchten:

> Es ist ein Vorurtheil, daß ich ein Mensch bin. Aber ich habe schon oft unter den Menschen gelebt und kenne Alles, was Menschen erleben können, vom Niedrigsten bis zum Höchsten. Ich bin unter Indern Buddha, in Griechenland Dionysos gewesen, – Alexander, Caesar sind meine Inkarnationen, insgleichen der Dichter des Shakespeare Lord Bakon. Zuletzt war ich noch Voltaire und Napoleon, vielleicht auch Richard Wagner … Dies Mal aber komme ich als der siegreiche Dionysos, der die Erde zu einem Festtag machen wird … (KSB 8, S. 572 f.)

Für Nietzsche bedeutete jedoch die Vielheit der Persönlichkeit nicht ihren Zerfall, sondern ihre tatsächliche Konstitution, in der er seine Identität fand.[139]

In seinen *Dionysos-Dithyramben* (KSA 6, DD, S. 392) formulierte Nietzsche im Sommer 1888, also kurz vor seinem Zusammenbruch, seinen Zwiespalt in sich und seinen Versuch, „die verschiedenen Mächte seines Innern in einer Einheit des Bewusstseins auszugleichen"[140]:

> Jetzt –
> zwischen zwei Nichtse
> eingekrümmt,
> ein Fragezeichen,
> ein müdes Räthsel –
> ein Räthsel für R a u b v ö g e l ...
>
> – sie werden dich schon »lösen«,
> sie hungern schon nach deiner »Lösung«,
> sie flattern schon um dich, ihr Räthsel,
> um dich, Gehenkter! ...
> Oh Zarathustra! ...
> S e l b s t k e n n e r ! ...
> S e l b s t h e n k e r !

Zwischenbilanz und Wirkungsgeschichte

Nietzsche war nicht, wie er selbst behauptete (KSA, EH, 6, S. 310 f.), der „Entdecker“ des Dionysischen und auch nicht der erste, der den Gegensatz von Apollo und Dionysos formulierte. Bereits in der Frühromantik wurden Apollon und Dionysos beispielsweise bei Friedrich Schlegel beschrieben. Die literarischen und wissenschaftlichen Vorläufer Nietzsches sind gut erforscht, worauf hier lediglich verwiesen wird.[141] Jedoch hat kein früherer Dichter oder Denker die Thematik mit gleicher Intensität untersucht. Nach Rehn ist es „vor allem ihm zu verdanken, dass sich das seit der deutschen Klassik vorherrschende Bild vom heiteren, an Maß, Schönheit und Rationalität orientierten antiken Menschen als Illusion erwies“.[142] Der wirkungsmächtige Beitrag Nietzsches, der die spätere Dionysos-Forschung prägte, war die Formulierung der polaren Verbindung des ‚Dionysischen‘ mit dem ‚Apollinischen“ in seiner *Geburt der Tragödie*. Die literarische Antikerezeption des zwanzigsten Jahrhunderts verlief durch Nietzsches Beitrag wesentlich anders als diejenige des achtzehnten. Während bei Nietzsche im Apollinischen die Grundzüge des ‚klassischen‘ Antikebildes weiterlebten, ist das Neue die spezielle Konzeption des Dionysischen. Dionysos war für Nietzsche kein genuin griechischer Gott, sondern eher asiatisch-orientalischen Ursprungs. Seine Vorstellungen über die Duplizität der beiden Kunsttriebe sowie sein Bild einer ‚dionysischen Antike‘ übten auf die Moderne eine große Wirkung aus und haben vertiefte Einsichten in das Wesen der griechischen Kunst und der griechischen Gesellschaft gebracht. Unübersehbar ist seine Wirkung auf das geistige Leben der Jahrhundertwende, die Literatur des 20. Jahrhunderts, die Psychologie, Philosophie, Kunst und Kulturkritik. Die sogenannte Existenzphilosophie, der Existentialismus und das Denken der französischen Avantgarde wurde durch ihn wesentlich geprägt, ja er wurde zur „Initialzündung dieser Strömungen“.[143] Angesichts der heutigen Quellenlage hat sich Nietzsches Hypothese, „dass die griechische Tragödie in ihrer ältesten Gestalt nur die Leiden des Dionysos zum Gegenstand hatte und dass der längere Zeit hindurch einzige vorhandene Bühnenheld eben Dionysos war“ (KSA, GT, 1, 71), als spekulativ erwiesen. Dionysos als Sujet der Tragödie ist erst in den *Bakchen* des Euripides fassbar. Nietzsche hatte, so betrachtet, die Dualität des Apollinischen und Dionysischen allzusehr ins Grundsätzliche gesteigert[144], die Bedeutung des

Dionysos überbewertet. Doch gerade darin zeigt sich eben die existenzielle Dimension in seinem Denken und Leben. Er hatte versucht, zu einer menschenwürdigen Anschauung des Lebens zu kommen und bildete deshalb die Idee des Übermenschen, des freien Menschen. „Weil der dionysische Geist aus sich selbst alle Antriebe seines Tuns entnimmt und keiner äußeren Macht gehorcht, ist er ein *freier* Geist. Denn ein freier Geist ist derjenige, der nur seiner Natur folgt."[145] Dieser auf sich selbst gestellte *Einzige*, der „nur aus sich heraus schaffende *Eigner* ist Nietzsches Übermensch". Die „Stirnerschen Gedanken wären das geeignete Gefäß gewesen, in das Nietzsche sein reiches Empfindungsleben hätte gießen können. Stattdessen versuchte er in Schopenhauers Begriffswelt die Leiter, auf der er zu seiner Gedankenwelt hinauf kletterte".[146] Auch Steiner ging davon aus, dass Nietzsche nie eine Zeile von Stirner gelesen hatte und vermutete, Nietzsche hätte sich „in Stirners Gedankenwelt wie in einem Elemente gefühlt, das seine geistige Organisation zum freudigen, frischen Leben brauchte".[147] Den Unterschied zwischen Stirner und Nietzsche charakterisierte Steiner in einem Brief an Rosa Mayreder vom 20. August 1895 so: „Bei Stirner atmet man in noch reinerer Luft als bei Nietzsche. Geheimnisse werden für Stirnersche Ohren offenbar, die wirklich jenseits des Todes, jenseits des Eises liegen. Es ist die Optik des Lebens, nach der Nietzsche strebt, bei Stirner verwirklicht".[148]

In einem Brief an Pauline Specht (1846-1916) vom 23. Dezember 1894 bezeichnete Steiner Nietzsches *Antichrist* als „eines der bedeutsamsten Bücher, die seit Jahrhunderten geschrieben worden sind" und äußerte seine Überzeugung, dass seine „‚Freiheitsphilosophie' an Nietzsche nicht spurlos vorübergegangen wäre".[149]

Die wesentlichste Intention der *Geburt der Tragödie* war es, „die Wissenschaft unter der Optik des Künstlers zu sehn"[150]. Zweifellos suchte Nietzsche durch die Kunst einen Weg der Mitteilung des begrifflich-argumentativ Unmitteilbaren und fand ihn noch nicht. Die Grenzen des wissenschaftlichen Denkens konnten für Nietzsche nur durch ein nicht-wissenschaftliches, überwissenschaftliches, spielendes Denken, durch eine, die Kunst und Philosophie vermählende, „Artisten-Metaphysik"[151] überwunden werden; Geschichte wird durch die metaphysische und tragische Einsichten eröffnende Kunst ersetzt. Für Nietzsche enthüllten sich die tiefsten Einsichten in einer für den Menschen erträglichen Form nur durch die Kunst, die einzig in der

Lage ist, dem Menschen die metaphysische Urerfahrung des Menschen neu zu erschließen.

Eine lediglich philologisch-kritische Deutung der *Geburt der Tragödie* „unterschlägt ihren Charakter als Seinsgegebenheiten des Menschen erschließendes, ertragbar machendes Werk der Kunst“[152]. Bis in die Fragmente des Nachlasses hinein verfolgte Nietzsche die in der *Geburt der Tragödie* entworfene Optik und Perspektive der Dionysos-Apollo-Thematik in der Gestalt des „tragischen Künstlers“[153]. Dionysos und Apollo leben im Gestalten erzeugenden und vernichtenden Spiel der Kunst; die Kunst aber zerbricht die alte Welt und erschafft eine neue.

So sehr die apollinisch-formgebenden Veranlagungen in Nietzsche auch notwendig waren, um die Grenzenlosigkeit der Gewalt des musikalisch-Dionysischen einzudämmen, die Zweiheit seiner ‚Tugenden' musste vom inneren Widerstreit zur Zerrissenheit und bis zur Selbstspaltung führen und seinen inneren Verfall verursachen.[154]

Nietzsche gab der Welt Dionysos zurück und erreichte eine Schlüsselstellung in der modernen Kulturkritik und Anthropologie. Er gehörte zu den Geistern, die das, was Jahrhunderte lang als Wahrheit gegolten hat, anzweifelten und kritisierten. Die Radikalität Nietzsches charakterisierte Steiner so:

> Radikale Zerstörer der Kulturerrungenschaften, Geister, die in allen Dingen wieder anfangen wollen, werden mit Notwendigkeit von Zeit zu Zeit erscheinen. Einer der radikalsten dieser Geister ist Friedrich Nietzsche. Was er drucken ließ, macht das Antlitz jeder logisch-gewissenhaften Philisterseele schamrot. [...] Er erklärt nicht nur den moralischen Vorurteilen, sondern der ganzen Moral den Krieg.[155]

Nietzsches Wirkung auf die Literatur der Neuzeit und klassischen Moderne ist universell und durchschlagend, wie der Verweis auf Gottfried Benn, Siegmund Freud, Martin Heidegger, Thomas Mann, Hugo von Hofmannsthal oder Robert Musil unmittelbar verdeutlicht. Thomas Manns Novelle *Der Tod in Venedig* (1912) gehört dabei sicherlich zu den bekanntesten Beispielen. In der wohl bisher umfassendsten Rezeptionsgeschichte zu Nietzsches Werk zeigt Aschheim den Einfluss Nietzsches bei Freud, Adler und Jung auf und verweist auf den *Nietzscheanismus* in den verschiedenen Zirkeln der intellektuellen, künstlerischen und literarischen Avantgarde im Fin de siècle.[156] Eine herausragende Figur des italienischen Fin de siècle, Gabriele d' Annunzio, schrieb mehrere Dionysos-Gedichte und sein Landsmann Cesare Pavese widmete fünfzig Jahre später in seiner Sammlung *Dialoghi con Leucò (1947)* mehrere Abschnitte dem Dionysos. Auch Nikos Kazantzakis erwähnte in seiner Autobiographie, dass er in seinem Denken tiefgreifend von Nietzsche beeinflusst wurde.[157] Im Hinblick auf Wagner bemerkte Steiner: „Wenn wir die Schrift ‚Die Geburt der Tragödie aus dem Geiste der Musik' betrachten, so werden wir finden, dass durch sie Richard Wagners Kunst in ein solches Licht gerückt ist, dass sie unmittelbar als eine kulturhistorische Tat erscheint, die über die Jahrhunderte, ja Jahrtausende hinleuchtet."[158]

Das Bacchus/Dionysos-Thema hatte auch Johann Wolfgang von Goethe über sechs Jahrzehnte hinweg, von seiner frühen anakreontischen Lyrik bis zum zweiten Teil seines *Faust*, beschäftigt. Er besaß eine Bronzestatuette eines stehenden Dionysos[159] und noch im hohen Alter nannte er die *Bakchen* von Euripides sein Lieblingsstück.[160]

Euripides sitzt im Gespräch mit Skene, der personifizierten Bühne. Die tragischen Masken verweisen auf seine Rolle als Dramendichter. Hinter ihm steht die Statue des Dionysos. Marmorrelief um 30-20 v. Chr., Istanbul, Archäologisches Museum Inv. 1242.

In Hölderlins Werk ist wohl keine Gestalt wichtiger als Dionysos. Für ihn ist der Gott des Weins zugleich der Gott der Dichter, die begeisternde Kraft, die Lieder und Gedichte hervorbringt und der Gott, dem er ein tiefes Vertrauen in die geschichtliche Erneuerungskraft entgegenbringt.[161] So in seiner frühen Hymne *Dem Genius der Kühnheit*[162]:

So flogen auf Ortygias Gestaden
Indeß der Lieder Sturm die Wolken brach,
Dem Rebengott die taumelnden Mänaden
In wilder Lust durch Hain und Klüfte nach.

Eine der letzten großen Dionysosdichtungen in der deutschen Literatur stammt von Rudolf Borchardt (1877-1945), der zwischen 1901 und 1912 in seinem Hymnus *Bacchische Epiphanie* in 38 Strophen den Zug des Gottes in seiner zerstörenden und erneuernden Kraft schilderte.[163]

Das Dionysos-Thema gewann seit der Mitte des 19. Jahrhunderts auch über Deutschland hinaus an Bedeutung. In England setzte sich etwa zeitgleich zu Nietzsche Walter Pater in seinen Essays *The Myth of Demeter and Persephone; The Baccanals of Euripides; A Study of Dionysos* (erschienen erst posthum 1895) mit Dionysos auseinander. D. H. Lawrence nahm in seinen Schriften, wie beispielsweise in der Erzählung *The Ladybird* oder in seinem Gedicht *They say the sea is loveless*, mehrfach Bezug auf den Gott. Die 1985 komponierte erste Oper des griechischen Komponisten, Schriftstellers und Politikers Mikis Theodorakis (geb. 1925) trägt den Titel: „Die Metamorphosen des Dionysos."[164]

Kopf eines bärtigen Dionysos aus Baiae/Italien, heute Baia, Ortsteil von Bacoli/Kampanien. London, British Museum (A), Inv. 1609.

Dionysos war Nietzsches Mission und zugleich sein Wahnsinn. Er war ihm Symbol für das Leben schlechthin und daher die zentrale Koordinate seines Lebens. Er hatte sich deshalb bewusst von der Philologie ab- und der Philosophie zugewendet und versucht, eine existenzielle Lebens-Philosophie zu entwerfen. Im Sinne von Jaspers können wir wohl sagen: „Was *Nietzsche* bedeutet, ist ebensowenig klar geworden. Seine Wirkung in Deutschland wird von keinem anderen Philosophen erreicht. Aber es scheint, dass jede Haltung, jede Weltanschauung, jede Gesinnung sich ihn als Gewährsmann holt. Es könnte sein, dass wir alle noch nicht wissen, was dieses Denken im Ganzen in sich schließt und bewirkt."[165] Um zum Kern von Nietzsches Philosophie durchzudringen, muss das eigene Denken existenziell werden. Nicht nur Nietzsches Zarathustra ist deshalb „Ein Buch für alle und Keinen" (KSA, ZA 4,9). So können wir Hufnagel nur zustimmen, wenn er formuliert: „Der genuine Nietzsche-Interpret muss Gegenwelten durchwandern und Gegenwerte durchleiden können."[166] Ohne diese existenzielle hermeneutische Dimension der Nietzsche-Interpretation bleibt Nietzsche nicht nur ein Rätsel, sondern auch ein Unverstandener, der lediglich schöne Sätze zu Papier brachte.

> Schöne Sätze brachte er zu Papier: Er sprach von der maßvollen Begrenzung, der Freiheit von wilderen Regungen, der Weisheit und Ruhe des Bildergottes Apoll, und er stellte dem, geleitet nicht von alten griechischen Texten, sondern von Schillers Freuden-Pathos, das Idealbild eines dionysischen Festes entgegen. [...] Wahrhaftig, bei Nietzsches Dionysos geht es nicht wild zu, sondern höchst gesittet. Man fragt sich, wozu er Tiger und Panther braucht, wenn sie sich wie Lämmlein gebärden.[167]

Bei allen Versuchen das Phänomen Nietzsche und Dionysos zu fassen, trotz aller philologischen und philosophischen Analysen und Deutungen und tausender Bände der Nietzscheforschung: Es bleibt etwas Unfassbares und Rätselhaftes übrig. Bereits 1904 erwähnte Steiner: „Wie ein großes Rätsel steht Friedrich Nietzsche in der Kulturentwicklung der Gegenwart."[168] Jaspers brachte diesen Tatbestand in die treffenden Worte:

> Die gegenwärtige philosophische Situation wird durch die Tatsache bestimmt, dass zwei Philosophen, Kierkegaard und Nietzsche, die, zu ihren Lebzeiten nicht gerechnet, dann noch lange in der Philosophiegeschichte ohne Geltung blieben, in ihrer Bedeutung ständig wachsen. Während alle Philosophen nach Hegel ihnen gegenüber immer mehr zurücktreten, stehen sie als die eigentlich großen Denker ihres Zeitalters heute im Grunde schon unbezweifelt da – ihre Wirkung wie die Gegnerschaft gegen sie beweisen es. Warum sind die beiden die nicht mehr ignorierbaren Philosophen unserer Zeit?

> In der Situation sowohl des Philosophierens wie des wirklichen Lebens des Menschen treten Kierkegaard und Nietzsche auf wie der Ausdruck des Verhängnisses, das als solches damals noch niemand – außer in augenblicklichen, schnell wieder vergessenen Ahnungen – bemerkt, das aber in ihnen schon sich versteht. Die Frage, was dieses Verhängnis eigentlich sei, ist heute noch offen [...]; ihre Verwandtschaft, auf deren Grund ihre Verschiedenheit in zweitrangiger Bedeutung gesehen werden kann, ist im Ganzen ihres Lebensweges und bis in Einzelheiten ihres Denkens so zwingend, dass die Notwendigkeit der geistigen Situation ihres Jahrhunderts ihr Wesen hervorgebracht zu haben scheint. Mit ihnen geschah ein Ruck des abendländischen Philosophierens, dessen endgültige Bedeutung noch nicht abzuschätzen ist. [...] Menschen der Umgebung fühlten sich in ihrer [Nietzsches und Kierkegaards] Gegenwart auf eine rätselhafte Weise angezogen, für einen Augenblick wie in ein höheres Dasein gehoben, aber niemand hat sie eigentlich geliebt.[169]

Wir werden deshalb in drei weiteren Betrachtungen versuchen, dieses „große Rätsel" Friedrich Nietzsche weiter zu enthüllen und die Frage weiter verfolgen, warum er von seiner *Geburt der Tragödie* bis in den Wahnsinn hinein das Dionysos-Thema innerlich verfolgte. Das Nietzsche-Rätsel wird dazu von der Perspektive der Psychologie, der Mysterien und vom Gesichtspunkt des Geistes aus betrachtet werden.

Nietzsche und die Psychologie

Nietzsches Gesamtwerk kann als eine einzige große Psychologie und Selbstanalyse gelesen werden und er verstand sich selbst als „Seelen-Errater", der „die Schamtheile der menschlichen Seele" (MA I 503, KSA 2, S. 321) aufsucht. Sein eigener innerer Weg erscheint als eine der „größten Seelentragödien"[170] der Moderne. Bereits seine Erstlingsschrift *Die Geburt der Tragödie aus dem Geiste der Musik* enthält eine Kunstpsychologie. Im 5. Kapitel von *Ecce homo* stellte er fest: „ … *daß aus meinen Schriften ein Psychologe redet, der nicht seinesgleichen hat, das ist vielleicht die erste Einsicht, zu der ein guter Leser gelangt*" (KSA 6, S. 306). Vielleicht brachten ihn seine gesundheitlichen Probleme, die ihn 1879 zwangen seine Baseler Professur als Altphilologe aufzugeben, zu einer Hinwendung zur Psychologie. Jedenfalls formulierte er selbst: „Die *Krankheit* brachte mich erst zur Vernunft" (KSA 6, S. 283) und an anderer Stelle: „Die Krankheit selbst kann ein Stimulans des Lebens sein: nur muss man gesund genug für dies Stimulans sein!"(KSA 6, S. 22) Aus dem Leid, aus dem Willen zur Gesundheit und zum Leben, modern gesagt: der Durcharbeitung von Krankheitsprozessen, entwickelte Nietzsche seine Lebens-Philosophie:

> So in der That erscheint mir j e t z t jene lange Krankheits-Zeit: ich entdeckte das Leben gleichsam neu, mich selber eingerechnet, ich schmeckte alle guten und selbst kleinen Dinge, wie sie Andre nicht leicht schmecken könnten, – ich machte aus meinem Willen zur Gesundheit, zum L e b e n , meine Philosophie. (KSA 6, S. 266 f.)

Es entstand daraus auch „jene Psychologie des ‚Um-die-Ecke-sehns'", eine Suche „von der Kranken-Optik aus nach *gesünderen* Begriffen und Werthen" (KSA 6, S. 266). Nietzsche erfasste die Dinge in einer besonderen Weise: „Wir erfassen die Eigenart seiner Seele vielleicht am besten dadurch, dass wir sagen, dass vieles, was für andere Menschen Begriff, Vorstellung, Idee, Überzeugung war, für ihn Empfindung, Gefühl, innerstes Erlebnis wurde."[171] Über das Wesen und die Funktion von Krankheit schrieb er in *Menschlich Allzumenschliches*:

> Krankheit ist jedes Mal die Antwort, wenn wir an unserm Rechte auf u n s r e Aufgabe zweifeln wollen, – wenn wir anfangen, es uns irgendworin leichter zu machen. Sonderbar und fruchtbar zugleich! Unsere E r l e i c h t e r u n g e n sind es, die wir am härtesten büssen müssen! Und wollen wir hinterdrein zur Gesundheit zurück, so

bleibt uns keine Wahl: wir müssen uns schwerer belasten, als wir je zuvor belastet waren … (MA, KSA 2, S. 373 f.)

In *Die fröhliche Wissenschaft* formulierte Nietzsche nochmals den Zusammenhang zwischen Gesundheit, Krankheit und Philosophie:

Ein Psychologe kennt wenig so anziehende Fragen, wie die nach dem Verhältnis von Gesundheit und Philosophie, und für den Fall, dass er selber krank wird, bringt er seine ganze wissenschaftliche Neugierde mit in seine Krankheit .... was wird aus dem Gedanken selbst werden, der unter den Druck der Krankheit gebracht wird? Dies ist die Frage, die den Psychologen angeht: und hier ist das Experiment möglich. (FW, KSA 3, S. 347)

Richard Dehmel charakterisierte Nietzsche als einen „zweifelnden Zergliederer gewohnter Seelenregungen“[172] und Thomas Mann (1875-1955), schrieb über den „größten Kritiker und Psychologen der Moral“: „Zum Psychologen ist er geboren, die Psychologie ist seine Urleidenschaft: Erkenntnis und Psychologie, das ist ihm im Grunde ein und dieselbe Passion, und es ist ein Wahrzeichen der ganzen inneren Widersprüchlichkeit dieses großen und leidenschaftlichen Geistes, dass er, dem das Leben weit höher als das Erkennen gilt, so vollkommen und unrettbar der Psychologie verfallen ist.“[173]

Dabei fällt auf, dass Nietzsche besonders die Scham thematisierte, deutete und interpretierte und diese in Verbindung mit dem „Mysterium“ setzte: „Die Scham existirt überall, wo es ein ‚Mysterium‘ gibt“ (MA I 100, KSA 2, S. 97). Er erkannte die Herkunft der Scham als „religiöse Scham“ (VM 222, KSA 2, S. 475). Die Scham verbindet sich mit der Einsamkeit: „Einsamkeit aus Scham vor sich“ (NL 1883 10 [45], KSA 10, S. 377) und die Dimension der Einsamkeit wird von Nietzsche in drei Arten gegliedert. „Drei Einsamkeiten giebt es, die des Schaffenden, die des Wartenden, die der Scham. – Ich weiß das Wort und Zeichen des Übermenschen; aber ich sage es nicht, ich verhehle es vor mir selber. – Im Scham vor einer großen Wahrheit leben.“ (NL 1883 16 [2], KSA 10, S. 495).[174]

Indessen steht außer Frage, dass Nietzsche eine große Bedeutung bei der Ausbildung der Psychologie des 20. Jahrhunderts zugemessen werden muss und auch hierbei als „Prophet einer neuen Ära“ (Ellenberger) seiner Zeit voraus war. Dies gilt für die Tiefenpsychologie ebenso wie für die Humanistische Psychologie. Nietzsches „Psychologie“ verbindet sich auf subtile Weise wiederum mit dem Dionysos-Thema.

Auf die Parallelen von Nietzsches Psychologie zur Tiefenpsychologie wurde vielfach hingewiesen und von vielen Autoren wird er als Ahnherr der Psychoanalyse angesehen. Er wurde zum Überwinder einer im Begrifflichen steckenbleibenden Schulpsychologie und bereitete intuitiv und begrifflich die Tiefenpsychologie vor, die zum Zeitpunkt seines Todes (1900) ihre Wirksamkeit erst begonnen hatte. Sigmund Freuds (1856-1936) *Die Traumdeutung* erschien 1900, Alfred Adler (1870-1937) eröffnete in gleichem Jahr seine private Praxis in Wien, Carl Gustav Jung (1875-1961) fing 1900 seine Tätigkeit als Assistent in der psychiatrischen Klinik Burghölzli in Zürich an und Erich Fromm (1900-1980) wurde zu diesem Zeitpunkt gerade geboren.

Günter Gödde sieht die Psychologie von Nietzsche und von Sigmund Freud „im Spannungsfeld von Trieb und Vernunft, Bewusstem und Unbewusstem, Rationalem und Irrationalem, Oberfläche und Tiefe, Schein und Realität, Lüge und Wahrheit". Worte und Taten werden von beiden „als Manifestationen unbewusster Antriebe, hauptsächlich von Trieben und Triebkonflikten" angesehen, für beide ist „das Unbewusste das Reich der wilden tierischen Instinkte".[175] Freud bewunderte Nietzsche und anerkannte, dass auch der Denker und Philosoph zum Psychologen werden kann. Zugleich hielt ihn genau diese Tatsache vom Nietzsche-Studium fern. „Nietzsche, […]dessen Ahnungen und Einsichten sich oft in der erstaunlichsten Weise mit den mühsamen Ergebnissen der Psychoanalyse decken, habe ich gerade darum lange gemieden."[176]

Sigmund Freud um 1905 auf einer Porträt-Fotografie von Ludwig Grillich

Seit dem Beginn der Entwicklung der Psychoanalyse wurde ein enger Zusammenhang zu Nietzsches Philosophie vermutet.[177] Eine Fülle späterer „freudscher Begriffe" wie die sogenannten „Triebschicksale", die Mechanismen der „Verinnerlichung", der „Wendung gegen das eigene Ich", der „Sublimierung" oder „Projektion" finden sich schon wörtlich bei Nietzsche. Auch den Begriff „Es" hatte Freud bei Georg Groddeck (1866-1934) und dieser bei Nietzsche entliehen. Zur Gemeinsamkeit zwischen Freud und Nietzsche schildert Aschheim: „Beiden ging es darum, auf teleologische und metaphysische Erklärungen zu verzichten und tiefergehende Regungen zu demaskieren. Beide betonten die Notwendigkeit einer ‚Selbsterschaffung' des Menschen (auch wenn sie darunter jeweils etwas anderes verstanden). Beide formulierten, wie Jung bemerkte, eine grundlegende Kritik an ihrer eigenen Zeit und suchten nach einer Antwort auf die Krankheit des 19. Jahrhunderts." Als wichtigen Unterschied zwischen beiden formuliert er: „Das Projekt einer ‚Selbsterschaffung' des Menschen bleibt bei ihm, anders als bei Nietzsche, nicht auf einige wenige beschränkt."[178]

In seiner *Psychopathologie des Alltagslebens* würdigte Freud die Gedanken Nietzsches zur Verdrängung mit den Worten: „Keiner von uns allen hat aber das Phänomen und seine psychologische Begründung so erschöpfend und zugleich so eindrucksvoll darstellen können wie Nietzsche: Das habe ich getan, sagt mein Gedächtnis. Das kann ich nicht getan haben, sagt mein Stolz und bleibt unerbittlich. Endlich – gibt das Gedächtnis nach."[179] Für Freud war Nietzsche vor allem als Aufklärer wichtig und er stützte sich in seinen Arbeiten über die Auswirkung der Moral auf Individuum und Gesellschaft auf Nietzsches Analysen. Wie Nietzsche stand Freud in der Tradition von Versuchen der „Aufhebung der Ethik." Jürgen Habermas (geb. 1929) kritisierte, dass Freud mit seinem „szientistischen Selbstmissverständnis" auf die am Perspektivismus und Konstruktivismus orientierte Nietzsche-Forschung lange Zeit abschreckend gewirkt habe.[180]

Der Freud-Biograph Ernest Jones (1879-1958) wies darauf hin, dass Freud zu Nietzsche mehrfach bemerkte: „Eine solche Introspektion wie bei Nietzsche wurde bei keinem Menschen vorher erreicht und dürfte wahrscheinlich auch nicht mehr erreicht werden". Ein weiteres Kompliment des „Entdeckers des Unbewussten" war: „Nietzsche habe eine tiefere Selbsterkenntnis gehabt, als je ein Mensch vor oder nach ihm".[181]

Im Briefwechsel, den Freud und Arnold Zweig (1887-1968) zwischen 1927-1939 führten, teilte Zweig, der 1930 in Berlin-Grunewald lebte, Freud sein Vorhaben mit, ein Nietzsche-Buch zu schreiben und darin auch auf ihn,

Freud, einzugehen. Er schrieb Freud am 2. Dezember 1930: „Immer wieder stoße ich bei meinen Gedanken auf das Thema eines Aufsatzes, welchen ich über Ihr Verhältnis zu Nietzsche schreiben müsste, wenn ich Zeit hätte. Ich sehe nämlich die Sache so, dass Sie alles getan haben, was Nietzsche ‚intuitiv' als Aufgabe empfand, ohne doch imstande zu sein, es mit seinem, von genialen Inspirationen durchleuchteten Dichteridealismus wirklich zu erreichen". Er vergleicht dann weiter Freud und Nietzsche, indem er schreibt: „Er versuchte, die *Geburt der Tragödie* zu gestalten, Sie [Freud] haben es in *Totem und Tabu* (1912/13) getan; er ersehnte ein *Jenseits von Gut und Böse*, Sie haben durch die Analyse ein Reich aufgedeckt, auf das zunächst einmal dieser Satz passt. Die Analyse hat sich alle Werte umgewertet, sie hat das Christentum überwunden, sie hat den wahren ‚Antichrist' gestaltet und den Genius des aufsteigenden Lebens vom asketischen Ideal befreit."[182]

Fünf Tage später, am 7. Dezember 1930 antwortete Freud: „Den [Aufsatz] über Nietzsche's Wirkung zu meiner sollten sie schreiben, ich brauche ihn ja nicht zu lesen. Schreiben Sie es einmal wenn ich nicht mehr da bin und Sie von der Erinnerung an mich heimgesucht werden."[183] Um die Frage, wie stark Freud von Nietzsche beeinflusst war und wie deutlich er sich dazu bekannte oder ob er versuchte, die tatsächlich starke Beeinflussung von Nietzsche zu verschleiern, wird indes weiter gestritten und geforscht.[184]

Alle drei Gründungsväter der Psychoanalyse (Sigmund Freud, Carl Gustav Jung und Alfred Adler) stützten sich in ihren tiefenpsychologischen Konzeptionen auf Grundgedanken Nietzsches.[185] Adler hob seine Bedeutung immer wieder hervor und betonte: „Wenn ich den Nahmen *Nietzsche* nenne, so ist damit eine der tragenden Säulen unserer Kunst enthüllt."[186] Auch für ihn war Nietzsches aufklärerische Wirkung wesentlich.

Aus dem Dreigestirn Freud-Jung-Adler bekannte sich Jung am stärksten zu Nietzsche.[187] Die Lektüre von Nietzsches Schriften war für ihn die Vorbereitung und der Weg zur Psychologie. „Ich kam von der Psychiatrie her, von Nietzsche für die moderne Psychologie wohl vorbereitet."[188] Er war als Student von den *Unzeitgemäßen Betrachtungen* „restlos begeistert". Dagegen bereitete ihm der *Zarathustra* Probleme: „Wie mir der *Faust* eine Tür öffnete, so schlug mir ‚Zarathustra' eine zu, und dies gründlich und auf lange Zeit hinaus."[189] Erst 20 Jahre später hielt Jung von 1934–1939 seine Zarathustra-Seminare in englischer Sprache und entwickelte daran seine Lehre vom „kollektiven Un-

Gruppenbild: Clark University, Worchester, Mass, USA, September 1909.
Vordere Reihe: S. Freud, G.S. Hall, C.G. Jung; dahinter A.A. Brill, E. Jones, S. Ferenczi

bewussten." Nietzsches Dualität des Dionysischen und Apollinischen setzte Jung in Beziehungen zu seiner Typenlehre, zu den Funktionstypen Denken, Fühlen, Empfinden, Intuieren und den Einstellungstypen Introversion und Extraversion.

Jung verteidigte Nietzsches transzendente Wirklichkeit gegen das eher rationalistische Denken Freuds:

Es ist eine große Entdeckung, dass es unter oder neben der eigenen Psyche, dem eigenen Bewusstsein oder Geist eine andere Intelligenz gibt, die man selbst nicht gemacht hat und von der man abhängig ist. Wie Sie sehen, besteht Freuds große Angst darin, dass es etwas außerhalb geben könnte, was nicht *Ich* ist. Wer behaupten wollte, dass es außerhalb des eigenen Geistes eine größere Intelligenz gibt, der müsste verrückt sein. Eben wie Nietzsche. Doch zu Freuds Unglück war Nietzsche nicht der einzige, dem solche Gedanken gekommen waren. Vielmehr waren Tausende vor Nietzsche davon überzeugt, dass die Intelligenz des Menschen nicht das letzte Wort ist, dass auch sein Geist hervorgegangen ist aus etwas, das im Jenseits bleibt – dass wir uns also nicht machen, sondern gemacht werden. Ihr Geist ist nicht der Schöpfergott, der eine Welt als Ganzes hervorgehen lässt aus dem Nichts. Er ist seinerseits vorbereitet und hergestellt. Dem Bewusstsein voraus liegt ein Unbewusstes, aus dem es einst entstanden ist. Und das ist eine Intelligenz, die gewiss grenzenlos über die unsere hinausreicht.[190]

Mit Bezug auf Nietzsches *Geburt der Tragödie* erläuterte Jung im Jahre 1909, in einem Brief an Freud, die Bedeutung der griechischen Dämonologie und wies dabei besonders auf Dionysos hin: „Nietzsche scheint davon sehr viel geahnt zu haben. Mir kommt es vor, als ob das Dionysische eine in ihrer historischen Bedeutung nicht genügend gewürdigte Rückschlagwelle der Sexualität gewesen sei, von der wesentliche Elemente ins Christentum hinüberflossen, aber in einer anderen Kompromissverwendung ...“[191]

An anderer Stelle lobte Jung: „Niemand hat den Zustand des Bewusstseins eines unbewussten, automatischen Komplexes besser beschrieben als Nietzsche selbst.“[192]

Doch nicht nur Freud, Jung und Adler, sondern nahezu sämtliche Psychoanalytiker der ersten Stunde, so auch Otto Rank (1884-1939), Wilhelm Reich (1897-1957), Victor Tausk (1879-1919), Fritz Wittels (1880-1950), Theodor Reik (1888-1969) und Eduard Hitschmann (1871-1957) wurden von Nietzsche inspiriert. Gottfried Benn meinte: „Eigentlich hat alles, was meine Generation diskutierte, innerlich sich auseinandergedacht, man kann sagen: erlitt, man kann auch sagen: breittrat, alles das hat sich bereits bei Nietzsche ausgesprochen und erschöpft, definitive Formulierung gefunden, alles Weitere war Exegese. Seine gefährliche stürmische blitzende Art, seine ruhelose Diktion, sein Sich-versagen jeden Idylls und jeden allgemeinen Grundes, seine Aufstellung der Triebpsychologie, des Konstitutionellen als Motiv, der Physiologie als Dialektik, – ‚Erkenntnis als Affekt‘, die ganze Psychoanalyse, der ganze Existenzialismus, alles dies ist seine Tat. Er ist, wie sich immer deutlicher zeigt, der weitreichende Gigant der nachgoetheschen Epoche.“[193] und Karl Jaspers stellte Nietzsches Denken über die Tiefenpsychologie und formulierte: Die Psychoanalyse sei „mitschuldig an der geistigen Niveausenkung“, sie habe „die unmittelbare Auswirkung des eigentlich Großen (Kierkegaard und Nietzsche) in der Psychopathologie verhindert“.[194]

Wilhelm Reich war vor allem in der Zeit um 1922, als er zum Doktor der Medizin promovierte, von den Schriften Nietzsches sehr beeindruckt. Er schrieb später: „Ich kehre immer wieder zu Nietzsche zurück, zu diesem Mann des weiten Blickfeldes und des großen Leidens. Sein Schicksal war es, aus dem

Wilhelm Reich

heraus, was er wahrnahm, aber nicht verstand, für die gesamte Menschheit zu leiden."[195] Bis zum Ende seines Lebens äußerte er sich wiederholt zu Nietzsches „Übermenschen", etwa in folgendem Sinne: „Es hat wenig Sinn [...] sich einen Übermenschen zu erträumen, der sich von den Menschen in der Falle total unterscheidet, wie es Nietzsche getan hat, bis er, selbst in der Falle eines Irrenhauses gefangen, endlich die volle Wahrheit über sich selber schrieb – zu spät [...]."[196]

In Nietzsches psychologischen Erkenntnissen können auch Schnittpunkte mit dem Behaviorismus und der Humanistischen Psychologie gefunden werden. Sein Imperativ „Werde, der du bist" (KSA 4, ZA, S. 479) steht Abraham Maslow (1908-1970) nahe, der die „Gesundheit" und die „Selbstverwirklichung" ins Blickfeld rückte und sein „Du sollst werden, der du bist", direkt auf Nietzsche bezog. Es klingt wie in einem zeitgenössischem Text in seinen *Unzeitgemäßen Betrachtungen* formuliert: „Der Mensch, welcher nicht zur Masse gehören will, braucht nur aufzuhören, gegen sich bequem zu sein; er folge seinem Gewissen, welches ihm zuruft: ‚Sei du selbst! Das bist du alles nicht, was du jetzt tust, meinst, begehrst'." Im Werk Erich Neumanns (1905-1960) wurde Nietzsches Philosophie mit der Chassidischen Weisheitslehre und der Analytischen Psychologie Jungs zu einer Tiefenpsychologie verwoben.

Zweifellos gehört Nietzsche auch zu den Vordenkern einer *psychosomatischen Anthropologie*, wie anhand einer Fülle von Textstellen belegt werden könnte.[197] Er vertrat die Einheit von Leib und Seele, und „dass Phänomene wie Denken, Fühlen und Wollen, die in der Tradition oft für Akte einer vom Leib klar unterschiedenen Entität gehalten wurden, nun als Produkt einer im Organischen wurzelnden psychophysischen Einheit aufgefasst werden."[198] In seinem *Zarathustra* vertrat er: „Leib bin ich ganz und gar und nichts ausserdem" (ZA 4, 39) und: der Leib sei eine „große Vernunft". Zum Verhältnis zwischen Leib und Seele formulierte Nietzsche: „Der menschliche Leib, an dem die ganze fernste und nächste Vergangenheit alles organischen Werdens wieder lebendig und leibhaft wird, durch den hindurch, über den hinweg und hinaus ein ungeheurer unhörbarer Strom zu fließen scheint: der Leib ist ein erstaunlicherer Gedanke als die alte ‚Seele'." (KGW VII 3, 36, S. 289) Erstaunlich ist auch sein Kommentar zum Ich: „‚Ich' sagst Du und bist stolz auf dieses Wort. Aber das Größere ist, woran du nicht glauben willst, – dein Leib und seine große Vernunft: die sagt nicht ich, aber thut Ich." (ZA 4, 39)

Der „Seelen-Errater" Nietzsche ist mit seiner „Psychologie des Um-die-Ecke-Sehens" selbst ein großes Seelenrätsel. Steiner bemerkte dazu: „Nietzsche war mir nie ein philosophisches, sondern immer ein psychologisches Problem."[199] Seine Psychologie ist, wie wir zeigen konnten, aufs engste mit dem Dionysos-Thema verwoben. Wo und wie auch immer in der Antike Dionysos-Begegnungen stattfanden, sei es im Weinrausch oder Tanz, in der Musik oder in der Theatermaske, im Leben nach dem Tod oder in der rituellen Gruppenekstase: immer fanden Grenzüberschreitungen statt und die normale Welt wurde transzendiert. Der „Wahnsinn" oder die dionysische Mania (μανία) sind nur die extremsten Ausdrucksformen der dionysischen Mysterien. So wundert es nicht, dass die „moderne Psychologie" sich weiter intensiv mit dem Dionysos-Motiv und der Ausdeutung vom Phänomen Nietzsche beschäftigt.[200]

In der Zeitschrift *Psychologie heute* schrieb Martin Burger Nietzsche eine religiöse Neurose zu und erklärte diese wie folgt:

> Durch diese Umdeutung von Schuldgefühlen und Leiden in Sünde wurden masochistische Phänomene wie Strafbedürfnisse und Bußquälereien ermöglicht, die durch ihre „Gefühls-Ausschweifungen" das Leben zwar wieder erleichterten und interessanter gestalteten, die Nerven aber zerrütteten und zur „religiösen Neurose" führten. „Die krankhafte Dynamik von Affektunterdrückung, Wendung der Affekte gegen die eigene Person, schlechtem Gewissen und kompensatorischer Idealbildung" war für Nietzsche „ein phylogenetisches Problem", das auf eine „furchtbare Tyrannei" in der Menschheitsgeschichte zurückging.[201]

Ganz der Linie von Alice Miller (1923-2010) folgend, die Nietzsches Auflehnung gegen das Christentum in seiner Kindheit und vor allem im Hass auf die Frauen seiner Kindheit begründet sah, fuhr Burger im zweiten Teil seines Artikels fort:

Schlägt man die Erkenntnisse der Psychoanalyse nicht als Aberglauben in den Wind, dürfte Nietzsches Haltung gegenüber Frauen im geschilderten „Mutterkomplex" begründet sein. Genauer: seinem „Elternkomplex", denn hinter der Idealisierung des Vaters verbirgt sich der Kampf mit dem imaginären Übervater – der unauslöschliche ödipale Wunsch, seine Stelle einzunehmen und die tieferliegende unbewusste Rivalität zu überdecken, um nicht als „geschädigter Dritter" zu unterliegen.[202]

Ähnlich äußerte sich Gaetano Benedetti (1920-2013), der die Bilder der „großen Gesundheit" und des „Übermenschen" als Kompensationen einer latent depressiven Neurose und eines „Überich-Splittings" versteht. Hermann Josef Schmidt (geb. 1939) dagegen sprach von einer „christogenen Neurose" und Horst E. Richter (1923-2011) sah in der „Aufforderung zur Produktion des Übermenschen" ein „selbstzerstörerisches Moment". Joachim Köhler (geb. 1952) reduzierte gar Nietzsches Philosophie auf die verschlüsselte Botschaft einer getarnten Homosexualität.

Auch wenn über das Verhältnis von Nietzsche zu Cosima Wagner bis heute viel spekuliert wird, so war sie doch sicherlich die erste Frau von Niveau in Nietzsches Leben, die er bewunderte und verehrte und in Richard Wagner fand er eine Art „Vaterersatz". Beide nahmen ihn wie einen Sohn auf. Zu Wagners 60. Geburtstag schrieb Nietzsche (Brief Nr. 80, Basel 20. Mai 1879):

> Geliebter Meister, nun sind es wirklich zwei Menschenalter, daß die Deutschen Sie haben – und gewiß gibt es viele, die, wie ich samt meinen Freunden, den nächsten Himmelfahrtstag als den Tag Ihrer Erdenfahrt feiern, zugleich sich sagend, welches das Los eines jeden zur Erde fahrenden Genius sein wird, ein Los, das wahrlich noch mehr an eine Höllenfahrt erinnert (...) Was wären wir denn, wenn wir Sie nicht haben dürften, und was wäre ich zum Beispiel anderes (wie ich jeden Augenblick empfinde) als ein todgeborenes Wesen! Mich schaudert immer bei dem Gedanken, ich könnte vielleicht abseits von Ihnen liegen geblieben sein: und dann lohnte sich wahrlich nicht zu leben, und ich wüßte gar nicht, was ich mit der nächsten Stunde beginnen sollte. Jetzt lernte ich doch Eins: daß irgendwann die Deutschen anfangen müssen, für Sie ein „Publikum" zu bilden: und ich wünsche samt meinen Freunden zu diesem Publikum gerechnet zu werden.

Seine Ehrerbietung gegenüber Cosima Wagner drückte Nietzsche im zweiten Teil des zweiten Abschnitts von „Warum ich so klug bin" im *Ecce homo* so aus: „Die einzigen Fälle hoher Bildung, die ich in Deutschland vorfand, waren alle französischer Herkunft, von Allem Frau Cosima Wagner, bei weitem die erste Stimme in Fragen des Geschmacks, die ich gehört habe."[203]

Mosaik mit Dionysos und Ariadne. Links Ariadne, der Pan den Mantel hochhebt; zwischen ihm und Dionysos ganz rechts steht ein Satyr. Mérida/Spanien, Nationalmuseum der römischen Kunst

Zeitlebens und auch nach dem Tod Wagners befand er sich in innerer Auseinandersetzung mit ihm und sandte in seinen Schriften verschlüsselte Liebesbotschaften an Cosima Wagner. Nietzsche schrieb ihr mehrere Gedichte, komponierte für sie und nannte sie später seine „Ariadne", so in seinem Gedicht „Klage der Ariadne".[204] Vor seinem Zusammenbruch in Turin am 3. Januar 1889 verfasste er Ende 1888 seine letzte Schrift, *Nietzsche contra Wagner.* Vor der beginnenden Umnachtung brach dann sein Liebesbekenntnis in einem Brief an Cosima aus ihm heraus: „Ariadne, meine Geliebte." Podach, der die rein biographische Deutung des Ariadne-Rätsels am deutlichsten vertritt, schrieb dazu:

> Ariadne ist Cosima. Sie war es schon längst vor der Katastrophe. Die Gleichsetzung ist kein Wahnprodukt der Jahre 1888/89. Das dionysisch-ariadnische Phantasiespiel nahm in den Tagen von Tribschen-Naxos seinen Anfang. Es endete in der Tragödie der Selbstmythisierung, die sich schon früh in verworrenen mystifizierenden Andeutungen

ankündigte und in der ‚Klage der Ariadne' ihren schauerlichen, dichterisch ohnmächtigen Ausdruck fand. Die ausbrechende Krankheit schuf nichts. Sie legte ein Traum-, und Wunschgebilde frei und zertrümmerte es."[205]

Als Nietzsche nach seinem Zusammenbruch in die Heilanstalt Jena eingeliefert wurde, notierte man im Anstaltsprotokoll: „Er will seine Kompositionen aufgeführt haben, hat für Gedanken und Stellen aus seinen Werken wenig Verständnis oder Gedächtnis" – und behauptet: „Meine Frau Cosima Wagner hat mich hierher gebracht."[206] Später fand man in seinem Nachlass mehrere Briefentwürfe an Cosima Wagner. Datiert mit dem 3. Januar 1889 notierte er die bereits zitierten Worte: „An die Prinzeß Ariadne, meine Geliebte. Es ist ein Vorurteil, daß ich ein Mensch bin. [...] Dies Mal aber komme ich als der siegreiche Dionysos, der die Erde zu einem Festtag machen wird. [...] Nicht daß ich viel Zeit hätte ... Die Himmel freuen sich, daß ich da bin ... Ich habe auch am Kreuze gehangen". (KSB 8, S. 572 f.)

In der Mythologie waren Ariadne und Dionysos ein Liebespaar und Ariadne die Gattin des Dionysos.[207] Die biographischen, mythologischen und philosophischen Gegensätze hoben sich in Nietzsches Wahnsinn auf, wie seine drei im Januar 1889 geschriebenen ‚Wahnsinnszettel' an Cosima Wagner zeigen. Zuerst hieß es kurz und knapp: „Ariadne, ich liebe Dich. Dionysos."[208] Der zweite seiner drei Briefe, die er am 3. Januar 1889 von Turin nach Bayreuth schickte, war mit den Worten überschrieben: „An die Prinzeß Ariadne, meine Geliebte."

Am 4. Januar 1889 schrieb er an Jakob Burckhardt (KSB 8, S. 574): „Nun sind Sie – bist Du – unser großer, größter Lehrer: denn ich, zusammen mit Ariadne, habe nun das goldene Gleichgewicht aller Dinge zu sein, wir haben in jedem Stücke solche, die über uns sind, [...] Dionysos." Im Entwurf einer kurzen Mitteilung an Cosima Wagner, der als Begleitschreiben zum *Ecce homo* gedacht war und nie abgeschickt wurde, schrieb er etwa am 25. Dezember 1889:

> Verehrte Frau, im Grunde die einzige Frau, die ich verehrt habe – ... lassen Sie es sich gefallen, das erste Exemplar dieses Ecce homo entgegenzunehmen. Es wird darin im Grunde alle Welt schlecht behandelt, Richard Wagner ausgenommen – und noch Turin. Auch kommt Malvida als Kundry vor ...
> Der Antichrist.[209]

Richard und Cosima Wagner Wien 1872, Fotografie von Fritz Luckhardt kurz nach der Hochzeit

Seine Haltung zu Cosimas Ehe mit Richard Wagner formulierte Nietzsche in einer Notiz zu seinem *Ecce homo:* „Im Verhältnis zu mir habe ich ihre Ehe mit Wagner immer nur als Ehebruch interpretiert ..."[210]

Einer der besten Kenner der Nietzsche-Biografie, Curt Paul Janz (1911-2011), sah in der „Ariadne-Tragödie" nicht *eines* von Nietzsches Problemen, sondern das „schwerste".[211]

Das Motiv des Leidens zog sich auch in dieser Betrachtung durch Nietzsches Leben und Werk. Die selbstquälerische Haltung im Hinblick auf seine Hassliebe zu Richard Wagner, in dessen Nähe er sich anfangs als „vor einem Auserwählten der Jahrhunderte" empfand, zeigt den Grad seiner Selbsttäuschung, die letztlich in extremem Einsamkeitsempfinden, lang anhaltenden Depressionen, bis hin zu Selbstmordabsichten und Selbstverachtung mündete. Das Vateridol, Richard Wagner, zerbrach, worin wiederum eine Spiegelung seiner Kindheit gesehen werden kann.

Biografisch sah sich Nietzsche nach dem Tode seines Vaters als einziges männliches Wesen fünf frommen Frauen gegenüber: der Mutter, der Großmutter, zwei Tanten und der Schwester. Erfahrungen innerer Einsamkeit und Verlassenheit sowie Trennungserlebnisse prägten ihn früh und bereits mit sieben Jahren empfand er den Verlust der Kindheit und weinte darüber. Er schrieb dazu an Overbeck. „Wenn ich R. Wagner ausnehme, so ist mir Niemand bisher mit dem Tausendstel von Leidenschaft und Leiden entgegengekommen, um mich mit ihm ‚zu verstehn'; ich war dergestalt schon als Kind allein und bin es heute noch, in meinem 44ten Lebensjahre. (15/166 und KSB 8/196). Ich habe jetzt 43 Jahre hinter mir und bin genau noch so allein, wie ich es als Kind gewesen bin.“ (KSB 8/195) Und in *Ecce homo,* kurz vor dem Zusammenbruch, heißt es: „In einer absurd frühen Zeit, mit sieben Jahren, wusste ich bereits, dass mich nie ein menschliches Wort erreichen würde.“ Nietzsche setzte auch diese Einsamkeit in einen größeren Zusammenhang, ging über sich hinaus und schuf aus seinem „unterirdischen Kampf“ seine Formel der „Umwertung aller Werte“.

Ich bin jetzt allein, absurd allein; und in meinem unerbittlichen und unterirdischen Kampf gegen Alles, was bisher von den Menschen geehrt und geliebt worden ist, (- meine Formel dafür ist die ‚Umwerthung aller Werte‘) ist unvermerkt aus mir selber etwas wie eine Höhle geworden – etwas Verborgenes, das man nicht mehr findet, selbst wenn man ausginge, es zu suchen. *Aber man geht nicht darauf aus …* (KSB 8, S. 245).

In tiefenpsychologischer Lesart erscheint Nietzsches Übermenschliches, seine Selbstverherrlichung und übersteigerte Selbstüberwindung im Kontext seiner Einsamkeit und seines Leidens als Suche nach Geborgenheit, Liebe und Verständnis, vielleicht auch als Botschaft einer Seele, die der Abgrund bereits zu verschlingen droht. In einer „höhenpsychologischen“ Lesart können wir in Nietzsches Lebensphilosophie und –Psychologie den Versuch sehen, dem höchsten und tiefsten Wesen des Menschen auf die Spur zu kommen, wie es der Kirchenhistoriker Walter Nigg (1903-1988) treffend formulierte: „Labyrinth und Abgrund sind überpsychologische Realitäten, die nach metaphysischer Deutung verlangen. Panischen Schrecken flößen die verschlungenen Pfade der Seele ein, denen Nietzsche nachging, um dem letzten Kern des Menschen auf die Spur zu kommen.“[212] Nietzsche selbst formulierte: „Hinter deinen Gedanken und Gefühlen, mein Bruder, steht ein mächtiger Gebieter, ein unbekannter Weiser – der heißt Selbst. In deinem Leibe wohnt er, dein Leib ist er.“ (KSA 4, ZA, S. 40)

Auch für Erich Neumann führte das Leben in seinem Verwiesensein auf Leib, Erde und Natur, welches für ihn heilende Aspekte der eigenen psychischen Tiefe als »Tiefe des eigenen Urgrunds« repräsentiert, unweigerlich zur Frage des Bösen, als Ausgangsfrage seiner Ethik. C. G. Jung vertrat die Auffassung, dass Nietzsche einem archetypischen Geschehen erlegen sei, welches er nicht durchschaute und das sein Bewusstsein überflutete. In diesem Sinne wären Nietzsches *Zarathustra* und *Ecce homo* als gewaltiger intuitiver Versuch einer Selbstanalyse zu verstehen.

Vielleicht ist Nietzsche dort am schwersten zu fassen, wo er sich zu enthüllen scheint. Er selbst verstand sich als „der Versteckteste aller Versteckten." (KGW 7, 1, S. 151). Doch der Grund, dass man ihn nicht mehr finden konnte, lag in „seiner eigenen Selbstfindung durch Selbstverbergung, ja, Selbstvernichtung."[213] Zugleich zeigt uns das Schicksal Nietzsches, dass psychopathologische Prozesse nicht nur isoliert als intrapsychisches Phänomen im Inneren des Betroffenen zu betrachten sind, sondern mit der Zeitsituation, der Kultur- und Weltentwicklung, dem „Globe" (Ruth Cohn)[214] zu tun haben, wie es moderne, systemische Theorien beschreiben. Nietzsche litt als tiefe, erkenntnisdurstige Seele und großer Fragensteller der Menschheitsfragen an der Zeitsituation, an Fragen, die gestellt und beantwortet werden müssen. Er konnte sie nicht beantworten und war erfüllt mit tiefster Sehnsucht, die ihn jedoch zugleich zerstörte. Er suchte wie ein moderner Faust „was die Welt im Innersten zusammenhält", den Geist und damit den Sinn der Kulturentwicklung und konnte ihn nicht finden. Als alle Illusionen und Hoffnungen zerbrochen waren, die gesamte Kultur kritisiert war und alle gesuchten Heilmittel für dieses Leid nichts halfen, blieb ihm nur der Weg in den Wahnsinn. In den Worten Steiners gesagt: „Erkenntnis als Lebensschicksal, das ist das Charakteristische in Nietzsches Seelentragödie."[215]

Selig, wer dies gesehen hat unter den Menschen auf Erden.
Wer aber ungeweiht ist ins Heilige, unteilhaftig, der hat nie an Gleichem Anteil, dahingeschwunden, unter der dumpfen Erde.
(Herodot, Demeter-Hymnus 480-482)

Der Ursprung der Tragödie aus den Mysterien

Die griechischen Mysterien, besonders die drei Mysterienstätten Ephesus, Eleusis und Samothrake, haben die europäische Kulturentwicklung und Geistesgeschichte entscheidend geprägt und vorbereitet. Die Altertumsforschung beschäftigt sich seit langem mit den Mysterien und der Bedeutung der Riten, wovon die antiken Autoren jedoch nur andeutungsweise sprechen. Es liegt in der Natur der Sache, dass Mysterieninhalte, die sich auf intime innere Vorgänge und geistige Erlebnisse beziehen, auch wenn diese oftmals durch äußere Bilder und Vorgänge angeregt wurden, weder detailliert in äußeren Aufzeichnungen zu finden sein werden, noch durch solche verstanden werden können. Walter Burkert, der zur Thematik über Jahrzehnte sorgfältige Untersuchungen angestellt hat, kam deshalb zur Einschätzung, dass man „solche Erfahrungen nicht zurückgewinnen und nicht rekonstruieren kann"[216], obwohl man sie für denkbar hält. Zugleich stellte er fest: „Vom ‚Lernen', von der ‚Übergabe' (paradosis) eines ‚Wissens' im Zusammenhang mit der Mysterienweihe sprechen viele Zeugnisse, auch von einem ‚vollkommenen Wissen', das zu gewinnen sei."[217]

Mysterienweihe, Anfang 1. Jh.. Lunesischer Marmor, H 51 cm, B 56 cm, Neapel, Museo Archeologico Nazionale Inv. 6679

Frank Teichmann (1937-2006) hat aufgezeigt, dass jeder der drei genannten Mysterienstätten ein für das Abendland prägender Philosoph zugeordnet werden kann: Heraklit zu Ephesus, Platon zu Eleusis und Aristoteles zu Samothrake.[218] Neben den schriftlichen Traditionsquellen werden auch zunehmend sogenannte Überrestquellen aus archäologischen Funden und antiken Kunstobjekten, wie die dionysischen Darstellungen der antiken Kunst, zur Erklärung herangezogen. Besonders in der neueren Forschung wurden einige interessante neue Funde gemacht. Eine weitere „Quelle" ist die geisteswissenschaftliche Forschung, wie sie Rudolf Steiner in *Wie erlangt man Erkenntnisse höherer Welten?* dargestellt hat.[219] Darin wird ein Weg gewiesen, der zur Ausbildung von Schau-Organen führt, mit denen vergangene Erlebnisse im sogenannten „Erdgedächtnis" übersinnlich geschaut werden können. Die Entwicklung dieser „Organe" setzt allerdings, wie auch sonst in der Kunst und auf anderen Gebieten, entsprechende Schulung voraus und ist weder mit dem gewöhnlichen Wahrnehmen, noch mit nebulosen mystischen Erfahrungen gleichzusetzen. Die Altertumswissenschaften werden gut daran tun, solche Forschungsergebnisse unvoreingenommen aber zugleich kritisch zu prüfen und mit einzubeziehen. Schließlich müssen auch alle anderen Quellen gedeutet werden und lassen keine direkten Rückschlüsse zu. Immerhin wissen wir aus neueren Forschungen, dass Mitte des 3. Jahrhunderts etwa 10 Millionen unter den 50 Millionen Bewohnern des Römischen Reiches Anhänger einer Mysterienreligion waren. Der Kulturhistoriker Fritz Saxl (1890-1948) hat als gemeinsames Merkmal von Mysterienkulten benannt: Sterben und Auferstehung eines Gottes, Jenseitsglaube und Mutterkult.[220] Letzterer ist auch im Christentum als Marienverehrung bekannt und andernorts als Verehrung der „Mutter Erde". Aus solider Quellenforschung, ergänzt durch spirituelle Forschungsergebnisse, hat Eduard Schuré in *Die Heiligtümer des Orients* die Mysterien ausführlich geschildert.[221] Auch durch Gerichtsverhandlungen über Mysterien-Angelegenheiten, bei denen nur Mysten zugelassen waren, wissen wir einiges von den Mysterien. Aischylos etwa wurde angeklagt, weil er bei einer Dramenaufführung etwas vom „Geheimen" gezeigt haben soll. Er verteidigte sich, indem er darauf verwies, dass er nicht eingeweiht sei.

Apuleius, der im 2. Jahrhundert nach Christus selbst an den eleusinischen Mysterien teilgenommen hatte, lässt in seinem Werk *Metamorphosen* einen Lucius über das Ritual berichten:

Vielleicht fragst du hier neugierig, geneigter Leser, was nun gesprochen und vorgenommen worden ist! – Wie gern wollte ich's sagen, wenn ich es sagen dürfte! Wie heilig solltest du es erfahren, wenn dir zu hören erlaubt wäre! Doch Zunge und Ohr würden gleich hart für den Frevel zu büßen haben! [...] Ich ging bis zur Grenzscheide zwischen Leben und Tod. Ich betrat Proserpinas Schwelle, und nachdem ich durch alle Elemente gefahren war, kehrte ich wiederum zurück. Zur Zeit der tiefsten Mitternacht sah ich die Sonne in ihrem hellsten Licht leuchten; ich schaute Unter- und Obergötter von Angesicht zu Angesicht und betete sie in der Nähe an.[222]

Die *Mystéria* verweisen mit der Endung *–teria* schon auf Feste in der Bronzezeit. Etwa seit dem 5. Jahrhundert v. Chr. erscheinen die Begriffe *mystéria und mýstes,* belegt bei Heraklit (mit Bezug auf Dionysos), den Tragikern, bei Herodot und in eleusinischen Inschriften.[223] Durch Eleusis wurde das griechische Mysterienwesen weithin bekannt und Eleusis gilt als bekannteste und vornehmste Mysterienstätte. Wie wir aus dem bereits erwähnten „homerischen Demeter-Hymnus"[224] erfahren, wurden die eleusinischen Mysterien von Demeter gestiftet. In der wohl ältesten Textstelle zu den Inhalten der Mysterien wird darin berichtet:

Glückselig ist der von den Menschen auf Erden, der das geschaut hat! Wer nicht in die heiligen Zeremonien eingeweiht wurde, wer keinen Teil daran gehabt: nie hat er Anteil an ähnlichen Dingen, ein Toter in dumpfer Finsternis!"[225]

Die Bedeutung der eleusinischen Mysterien in der griechischen Kultur wird unter anderem durch den Einspruch des römischen Prokonsuls von Griechenland, Praetexatatus, deutlich, den dieser erhob, als der römische Kaiser des westlichen Imperiums, Valentinian I. (*Flavius Valentinianus*, 321-375 n. Chr.), im Jahre 364 n. Chr. alle heidnischen Mysterien verbieten wollte. Praetexatatus schrieb zurück, dass diese Verordnung „das Leben der Griechen unlebbar machen würde, wenn die das ganze Menschengeschlecht zusammenhaltenden heiligsten Mysterien" nicht weiter ausgeführt werden können. Er widersetzte sich sogar dem Verbot und erlaubte, die Mysterienhandlungen in der von den Vätern ererbten Weise weiter zu begehen.[226]

Von den Mysterien in Samothrake und Ephesus wusste man zunächst kaum etwas, obwohl sich Herodot selbst als Eingeweihter in Samothrake bezeichnete: „Wer in die Orgien der Kabiren eingeweiht ist, die die Samothraker durchführen, [...] der weiß, was ich sage" (*Historien*, 2,51,2). An anderer Stelle vermerkte er: „Das ist in den Mysterien in Samothrake deutlich gemacht" (*Historien*, 2, 51, 4). Während in Ephesus die Artemis den Mittelpunkt des Geschehens bildete und Persephone und Demeter in Eleusis, haben wir es in Samothrake mit einer ganzen Gruppe von Göttern zu tun, den *Großen Göttern* (*Megaloi Theoi*), die auch die *Kabiren* genannt wurden. Friedrich Wilhelm Joseph Schelling (1775-1854) hat umfangreiche Studien zur Etymologie in seiner berühmten Abhandlung „Über die Gottheiten von Samothrake"[227] veröffentlicht und sich schließlich für ihre Abstammung aus Phönizien entschieden. Der älteste Hinweis auf die Kabiren stammt jedoch von Herodot, der sich als Eingeweihter in diese Mysterien bezeichnete" (*Historien*, II, 51). Er sah die Herkunft der Kabiren bei den ägyptischen Göttern (*Historien*, III, 37). Im Argonautengedicht des Apollonius von Rhodos erfahren wir mehr zu den „Mysterien, die man in Samothrake betreibt": „Wer in diese Mysterien eingeweiht ist, überlebt in den Meeresstürmen. Auch Odysseus, sagt man, war in Samothrake geweiht, und so hat er den Schleier statt einer Binde benützt: Denn um den Leib binden sich die Mysten Binden von Purpur."[228] Das schönste und berühmteste Fundstück, das zugleich den Ort bekannt gemacht hatte, ist die Nike von Samothrake.

Nike von Samothrake, um 190 v. Chr. entstanden, wurde 1863 im Kabirenheiligtum von Samothrake gefunden. Paris, Louvre, Parischer Marmor

Von den ephesischen Mysterien war nach außen hin kaum etwas bekannt und wir wüssten wohl noch immer wenig darüber, wenn nicht dieses rätselhafte „Mysterienbild" der Artemis von Ephesus erhalten geblieben wäre und es nicht einen indirekten „Zeugen" gäbe: den vorsokratischen Philosophen Heraklit von Ephesus. Schon Hermann Diels wies auf seine „heimliche, heilige Sprache"[229] hin und brachte ihn mit den Mysterien von Ephesus in Verbindung.[230]

Vom antiken Philosophiehistoriker und Doxographen Diogenes Laertius (Διογένης Λαέρτιος) ist ein Epigramm auf Heraklit überliefert, in dem es heißt:

Dunkel und lichtlose Finsternis herrscht da;
doch wenn ein Eingeweihter dich führt,
so strahlt es heller als Sonnenschein dir. (Diog. IX, 16)

Der Dionysos-Kult war, im Gegensatz zu den eher lokalen Kulten in Eleusis und Samothrake, weit verbreitet. Historisch ist er seit dem 6. Jahrhundert v. Chr. fassbar. Die wohl älteste Quelle, die uns vom Dionysos-Kult berichtet, stammt ebenfalls aus einer Aussage in einem Text des Heraklit von Ephesus aus dem späten 6. Jahrhundert v. Christus. Heraklit beschreibt darin vier Kollektive, die Mysterienkulte in Form geheimer nächtlicher Einweihungsriten (*mysteria myountai*) ausüben, wobei Männer und Frauen daran beteiligt waren. Es werden im Text reine Frauengruppen, die *lenai*, und gemischte Gruppen aus Frauen und Männern, die *bakchoi*, beschrieben. Bestätigt wird das Heraklit-Fragment auch in einer späteren Schilderung des Historikers Herodot, der im 4. Buch (Kap. 78) seiner *Historien* berichtete, wie sich der Barbaren-König Skyles um 460 v. Chr. in Olbia „dem Dionysos Bakcheios weihen" ließ. Die genaue Schilderung des dionysischen Mysterienkultes enthält unmissverständlich den Hinweis darauf, dass auch Männer daran beteiligt waren. Die späteren dichterischen Erwähnungen dieses Kultes bei Platon und Aristoteles finden so durch die kongruenten Schilderungen in Textzeugnissen eines Philosophen und Historikers ihre Bestätigung, wie sich überhaupt die Textüberlieferungen von Homer bis Platon diesbezüglich als erstaunlich übereinstimmend erweisen. Die Tragiker, wie etwa Euripides, Aischylos und Sophokles, haben dagegen die dionysische Ekstase beinahe ausschließlich als weibliche Angelegenheit betrachtet und Bezüge zum Mysterienkult des Dionysos gesehen. Bei der rituellen Erzeugung der Ekstase zur Mysterieneinweihung waren jedoch Männer wie Frauen beteiligt, wobei verheirateten Frauen eine besonders privilegierte Position zukam.[231]

Unter anderem durch Plutarch ist historisch belegt, dass attische Frauen, die *Thyaden*, in jedem zweiten Jahr im Winter zusammen mit delphischen Frauen zum Parnaß bei Delphi zogen, um rituelle Tänze zu Ehren von Dionysos zu tanzen.

In neuerer Zeit haben zahlreiche Goldblättchen aus Gräbern mit Inschriften als direkte Zeugnisse der Hinwendung an die Götter große Aufmerksamkeit erregt. Durch einen Fund in einem Frauengrab des 4. Jahrhunderts v. Chr. im nordgriechischen Pellina in Thessalien vor etwa 25 Jahren ist der dionysische

Mysterienkult nochmals deutlich belegt worden. Der auf eine Goldfolie in Gestalt eines Efeublattes geritzte Text, der sich auf der Brust der Frau befand, weist diese als Eingeweihte eines bakchischen Mysterienkultes aus. Der Eingeweihten wird im Text versichert, dass sie, durch die „lösende" Einwirkung des Gottes *Bakchios*, nach ihrem Tode eine Neugeburt erfahren wird:

Orphisches Goldblättchen von Thurioi

Jetzt bist du gestorben und jetzt bist du geboren, dreimal Seliger, an diesem Tage. Sage der Persephone, dass Bakchios selbst dich gelöst hat.
Ein Stier sprangst du in die Milch.
Rasch sprangst Du in die Milch.
Ein Widder fielst du in die Milch.
Du hast den Wein als die glückselige Ehre.
Und es warten auf ich unter der Erde Weihen für die anderen Seligen.[232]

Der Text schildert die Gewissheit des Mysten über sein seliges Los im Jenseits, der Überwindung des Todes und der folgenden Wiedergeburt. Der Anklang an das ägyptische Totenbuch ist kaum zu übersehen. Der Text deutet auch an, dass der Tote diese Gewissheit bei der Initiation in die Mysterien rituell erworben hat. Bakchios-Dionysos, der rasende Gott, wird hier zweifelsfrei als Mysteriengott greifbar, wobei seine Hauptfunktion ausdrücklich mit „Lösen" beschrieben wird.

Der Topos, dass der Tote an einen See kommt, dürstet und zu trinken begehrt, taucht besonders in einer Gruppe von Goldblättchen aus Kreta auf. In seinen *Historien* setzte Herodot den Dionysos mit Osiris, dem ägyptischen Gott der Toten, gleich und leitete das „Dionysische und Orphische" aus dem „Ägyptischen" ab (*Historien*, 2, 81).[233]

Mysterieninitiation auf den Wandmalereien der Villa dei Misteri in Pompeji

Während die zeitgenössische Religionsforschung die Mysterien und Göttervorstellungen der Griechen eher als Projektion, Vorstellung oder Phantasie ansah, betrachtete der Altphilologe Walter F. Otto (1874-1958) die Mythen nicht als Produkt menschlicher Phantasie, sondern als Zeugnisse der Erfahrung des Göttlichen. Der Kult war ihm die schöpferische Reaktion des Menschen auf die Offenbarung der Götter. Der antike Gott war für Otto keine in der Vergangenheit liegende, befremdliche Erscheinung, sondern etwas aus den „Urtiefen des Seins" kommendes, das jederzeit auftauchen kann: ein Welt- und Seinsprinzip. Im letzten Teil seines Buches beschrieb Otto die Wirkung des Dionysos auf die Gegenwart und sprach von der Möglichkeit eines erneuten Anbruchs des ‚dionysischen Geistes'. Dabei schließt sich wieder der Kreis zur modernen Tiefenpsychologie, etwa bei der Archetypenlehre C. G. Jungs. Otto widmete auch dem Thema „Dionysos und die Frauen", als einer der ersten Forscher, ein eigenständiges Kapitel. Erst Karl Kerényi (1897-1973) wies in seinem posthum erschienen Buch *Dionysos, Urbild des unzerstörbaren Lebens* (1976)[234] auf die Erotik im Kult des Dionysos hin.

In einem Vortrag in Berlin am 1. März 1906 schilderte Steiner die griechischen Mysterien und den Mysterienweg des Letztgeborenen der Götter, des Dionysos:

> Versetzen wir uns in den Geist eines solchen griechischen Mysterienschülers, der eingeweiht worden ist. [...] Dieser Gott ist ihm ein Wesen, mit dem er sich selbst verwandt fühlt, ein Wesen ist er ihm, das auf einer Stufe steht, die der Mensch selbst einstmals erreichen wird. [...] So verkehrte er in den Mysterien mit den Göttern. Er verkehrte mit den Göttern wie mit älteren Brüdern oder wie ein Kind mit Erwachsenen, [...]. Von einer solchen Art des Denkens blickt der Mysterienschüler auf zu jenen Wesen, die gleichsam schlummernd oder verkörpert sind in ihren Gedanken in der ganzen Natur, die uns umgibt. In aller Natur erblickten die Mysterienschüler die schlummernden Gottesgedanken. [...] Alle die Gedanken in der Seele des Menschen sind eine Auferweckung des Gottes in der Welt. So hineingestellt in den Kosmos, erscheint das eigene menschliche Leben als ein Nachbild des Heruntersteigens , des Leidens und Sterbens der Gottheit und des Begrabenwerdens der Gottheit in der Materie. Der Mensch ist dazu berufen, die Götter wieder zu erlösen aus der Materie. Das ist der Dionysos-Weg, der Weg, den alle Götter genommen haben.[235]

In Dionysia, einer Stadt Kleinasiens, spielten sich nach den Schilderungen Steiners vor allem die dionysischen Mysterien ab und hatten dort eine Mysterienstätte. Nach einer Darstellung des Geburtsmythos von Dionysos fährt Steiner fort und verweist auf etwas, das „zusammenhängt mit dem Gotte Dionysos. Und da berühren wir eines der tiefsten Geheimnisse des griechischen Mysterienwesens, nämlich dasjenige, was man die Geschlechtsreife des Menschen nennt".[236]

Die Kraft der Sinnlichkeit, die in jeder Wahrnehmung lebt, drückt sich nun für den Mysterienschüler auch in der Hinneigung des einen Geschlechts zum anderen aus, worin man eine der vielen Kräfte sah, die vom Gott Dionysos stammen. Die Geschlechtskraft fasste man als von Dionysos gegeben auf; was in geistiger Beziehung aus diesen Kräften gemacht wird, ist in des Menschen Hand gelegt. Daraus entsteht die Aufgabe, die niederen Kräfte in immer höhere umzuwandeln:

> Die Sinnlichkeit verwandelt sich in Liebe. Sie vergeistigt sich, sie beseelt sich. Und der Gott, der für den Griechen des Mysteriums nahe war dieser Kraft der Geschlechtsreife, das war ihm Dionysos. [...] Der Gott Dionysos ist der Letztgeborene der Götter, das heißt, er ist derjenige, von dem sich die Griechen vorstellten, dass er den Menschen heraufgebracht hat bis zu seiner gegenwärtigen Selbständigkeit. [...] Der Schöpfer der Selbständigkeit ist Dionysos. [...] Jetzt, wo der Mensch selbständig geworden ist, losgetrennt von dem göttlichen Bewusstsein, da ist diese Seele zerstückelt in ebenso viele Individuen, als es Menschen gibt. Das wurde in großartiger Weise symbolisiert in dem zerstückelten Gott Dionysos, der von den Titanen zerstückelt worden war.[237]

Die durch Pallas Athene symbolisierte Weisheit des Menschen rettete das in unserem Herzen vorhandene Einheitsbewusstsein der Menschheit, indem sie das Herz des Dionysos wieder zu den Göttern hinauftrug. Dadurch kann sich die Menschheit im Geiste wieder eins und verbunden fühlen. Der freie Mensch trägt also diesen göttlichen Funken in seiner Brust, der dem zerstückelten Dionysos draußen in der Welt entspricht. Nur aus diesem Gottesfunken kann er die Kraft zur Aufwärtsentwicklung finden, doch ist dieser Weg verbunden mit dem „Durchgang durch Erkenntnis und Leiden, mit dem Durchgang durch das Böse, weil der Mensch abgelöst ist, seiner inneren Geistigkeit nach, vom Göttlichen".[238] Die Strömung der Dionysos-Mysterien setzte sich bis in das Christentum hinein fort und hatte die Aufgabe, den bloßen Trieb zur Reinheit umzugestalten.

> Und die Seele, die diesen Trieb belebt, die diesen Trieb durchseelt, diese Seele ist zu einer Veredlung, zu einer Vergöttlichung dieses Triebes gebracht worden durch

das Christentum; alles dieses, was den Menschen zum Menschen zieht, alles, was die menschliche Gemeinschaft so regelt, dass nicht blinde Begierde, sondern veredelte, vergeistigte, vergöttlichte Begierde waltet, alles dies wird durch das richtig verstandene Christentum bewirkt. Geist und Liebe sind die zwei Strömungen in der Menschheitsentwicklung.[239]

Der hier angedeutete Mysterienweg, der Umwandlung der Geschlechtskräfte zu Erkenntniskräften, in Verbindung mit den dionysischen und christlichen Mysterien, ist eine Thematik, die sich von der Antike, zum frühen Christentum, über den Templerorden bis hin zu Novalis verfolgen lässt, worauf hier nur verwiesen werden kann.[240]

Nietzsche selbst ahnte, fühlte in sich den alten Geist der griechischen Mysterien und Dionysos als den lebendigen Gott dieser Mysterien. Zugleich zeugte er von der Erfahrung vieler „neuer Götter", indem er schrieb: „Wie anders, wie verschieden hat sich mir jedes Mal das Göttliche offenbart!" (KSA 13, 17 [4]5, Nachlass 1888). Auch wenn Nietzsche vom „Begriff des Dionysos" (EH, ZA, 6) sprach und damit auf eine Erfahrung hindeutete, gehen wir davon aus, dass er das Göttliche und die Praxis der alten Mysterienkulte nur ahnte und darüber nichts aus sicherer Erkenntnis wusste. Davon ging auch Steiner aus, als er formulierte:

Er hat nichts gewusst von den geheiligten Stätten, in denen diese Kultur durch Eingeweihte gepflegt und als Geheimwissenschaft ausgebildet worden war. In diese Mysterien konnte Nietzsche nicht hineinschauen, aber er ahnte sie. Seine ahnende Unkenntnis wurde für ihn zu einer bangen Rätselfrage.[241]

Mit seiner *Geburt der Tragödie* wollte Nietzsche zeigen, „wie aus einem uralten Geistesleben heraus diese griechische Tragödie erwachsen ist"[242] und bezeichnete es selbst „als Buch für Eingeweihte"(GT 14, 19). Die „Einsichtigen" (in GT 25, 12) wiederum, sind als Eingeweihte zu verstehen. Der *Eingeweihte und Jünger seines Gottes* (KSA, GT 15, 20 f.) ist eine Anspielung auf die beim dionysischen Mysterienkult vollzogenen Rituale.[243] Er sah sich selbst als „letzte[n] Jünger des Philosophen Dionysos" (KSA 6, 160) und suchte nach den Quellen und Rätseln des menschlichen Geistes. Ebenso suchte er die Heraldik seiner geistigen Abstammung, gleichsam wie ein Adliger. Die Frage seiner Herkunft beschäftigte Nietzsche schon als Siebzehnjährigen, als er 1862 in seiner ersten philosophischen Betrachtung über *Willensfreiheit und Fatum* schrieb: „Die Tätigkeit des Menschen aber beginnt nicht erst mit der

Geburt, sondern schon im Embryon und vielleicht – wer kann hier entscheiden – schon in Eltern und Voreltern“ (BAW 2, 61). Später formulierte Nietzsche mit Gewissheit: „Der Mensch ist nicht nur ein Individuum, sondern das Fortlebende Gesammt-Organische in einer bestimmten Linie“ (KSA, NF, 12, 251; vgl. auch 342, 378, 533; NF 13, 231).

Sokrates erschien ihm als die Person, durch die die tiefen Impulse des Urgriechentums und Mysterienwesens verblassten, indem mit ihm die Vorherrschaft der Intellektualität begann. Richard Wagner dagegen erschien ihm wie ein aus dem Urgriechentum auferstandener Mensch und in Schopenhauer sah er den Denker, der wieder die Brücke vom abstrakt gewordenen Denken zu den tieferen Quellen des Seins schlug. Er hatte „das Bedürfnis, hinauszuschauen für eine Gesamterklärung des Menschenlebens und Weltendaseins über das einzelne menschliche Leben zwischen Geburt und Tod; aber er kam bei diesem Suchen nur zu seiner Idee von der Wiederkehr des Gleichen […]“.[244] Doch weder die Idee der wiederholten Erdenleben, noch die Natur des Denkens und des Geistes kamen ihm zum vollen Bewusstsein, doch er hatte „eine Ahnung davon, dass eine künftige Kultur, die nicht bloß aus dem Verstand sich aufbaut, aus den noch in dem Menschen schlummernden Geisteskräften hervorgehen muss“.[245] Nietzsche ahnte oder wusste, dass in den Mysterien die höheren Weltgeheimnisse offenbart waren und verwechselte dies mit seinem Glauben, dass in der Musik Wagners und in seiner Gegenwart das große Rätsel schon gelöst sei in Form der ‚Wiedergeburt der Tragödie‘. Mit seiner *Geburt der Tragödie* stand er praktisch vor der Pforte der griechischen Mysterien und des Dionysostempels, aber konnte sie nicht öffnen. Der dionysische Rausch erschien ihm wie ein Weg zur Erleuchtung, zur Umwandlung seines Inneren. So wurde er zum Diener des ‚lösenden Gottes‘ (Λυαίος).[246] Er fühlte und ahnte, dass sich dazu eine tiefgründige Verwandlung seiner seelischen Struktur, seines Denkens, Fühlens und Wollens, ähnlich einer Wiedergeburt im Sinne der *metanoia* der Evangelien, vollziehen müsste. Damit stand er wiederum an der Schwelle zu den Mysterien des Altertums, doch konnte er die Schwelle nicht überschreiten. Die in ihrem Wesen tief-dionysische Anschauung der ewigen Wiedergeburt und der ewigen Wiederkehr des Gleichen charakterisierte Ivanov als „das letzte und schmerzhafte Aufblitzen des dionysischen Aus-sich-Herausgehens“ in

Nietzsches Seele. „Dieses Aufblitzen blendete mit einem schrecklichen Licht seine Seele und warf diese, nachdem sie niedergebrannt war, in eine lichtlose, wortlose Nacht".[247]

Auch die Idee des Übermenschen wurde ihm nicht zum inneren Erlebnis, sondern zur gefühlsmäßigen Ahnung, die er lyrisch im *Also sprach Zarathustra* in eine „feurige Schilderung des Erahnten, das er nicht schauen konnte"[248] brachte.

Steiner machte diesen Zusammenhang klar:

Und so sieht Friedrich Nietzsche ebenso wie Schopenhauer in dem musikalischen Ausdruck den Ausdruck der höheren Weltgeheimnisse. So war für sie auch der Weg gewiesen in die Urzeiten der alten Griechen, wo Kunst Religion und Wissenschaft noch ein Ganzes waren, wo in den Mysterientempeln die Mysterienpriester, die Wissenschaftler und Künstler waren, in gewaltigen Bildern vor die Seele das Schicksal des Menschen und der ganzen Welt hinstellten. Wenn wir hineinsehen in den Tempel, so finden wir dargestellt das Schicksal des Gottes Dionysos. Dieses war die Lösung des Weltenrätsels. Dionysos war aber herabgestiegen in die Materie und war zerstückelt worden, und der menschliche Geist ist dazu berufen, den in der Materie begrabenen zu erlösen und hinaufzuführen in die neue Glorie. Indem der Mensch seine göttliche Natur in sich selbst sucht, erweckt er den Gott in sich selbst, und diese Erweckung ist die Erweckung des Gottes, der in der niederen Natur eine Art von Grab gefunden hat. Dieses große Weltenschicksal wurde den Mysten nicht nur sinnlich, sondern auch in einer großartigen Weise geistig dargestellt. Das war das Urdrama des alten Griechenland. In ferne Zeiten reichen wir da zurück, und aus diesem Kern heraus stammt dasjenige, was das spätere griechische Drama wurde. Das Drama des *Äschylos*, des *Sophokles*, das war bloß Kunst; es war aber hervorgegangen aus der Tempelkunst. Abgezweigt hatten sich von der Tempelkunst Kunst, Wissenschaft und Religion. Wer zurückblickt in diese Urzeiten, der sieht auf dem Grunde etwas Tieferes, aus dem die menschliche Lebensauffassung und Lebensgestaltung hervorgegangen ist. Der lebendige Gott Dionysos war die große Gestalt der griechischen Mysterien. Das hat Nietzsche innerhalb des Wagnerkreises nicht erkannt, aber geahnt.[249]

Jede Einweihung und jeder Weg in die Mysterien ist mit schweren Prüfungen und der Begegnung mit dem dunklen Schatten der Seele verbunden, der wie ein Verfolger der Seele erscheint. „So stand für Nietzsche, [...], neben der Gestalt des Christus der Antichrist, neben der Gestalt des Moralisten der Unmoralist. Bei dem, was er als Philosophie unserer Zeit kannte, stand daneben die Negation. Das war es, was ihn quälte wie ein Verfolger seines Ichs."[250] Er durchlitt den Materialismus des 19. Jahrhunderts, suchte darin einen Zugang zum Geist aber konnte ihn nicht finden. Er zerbrach tragisch daran. Stattdessen erlebte er die Geistgestalten des Dionysos und Apollo und ging so „vom Geistanschauen in mythischer Form aus".[251] Doch schien ihm wohl auch hier Dionysos als der Gott, der ihn aus dem Leib heraus und zur Vereinigung mit dem Gotte führen könnte. Nietzsches Freund Erwin Rhode formulierte den Zusammenhang von mänadischer Ekstase und Enthusiasmus: „In der Ekstasis, der Befreiung der Seele aus der beengenden Haft des Leibes, ihrer Gemeinschaft mit dem Gotte, wachsen ihr Kräfte zu, von denen sie im Tagesleben und durch den Leib gehemmt nichts weiß."[252]

Nietzsche hätte zur Lösung seines Lebensrätsels im Menschen selbst das Göttliche erkennen müssen, etwa im Sinne von Goethes „Zahmen Xenien III" (1824):

> Wär´ nicht das Auge sonnenhaft,
> Die Sonne könnt´ es nie erblicken;
> Läg´ nicht in uns des Gottes eigne Kraft,
> Wie könnt´ uns Göttliches entzücken?

Doch stattdessen sagte Nietzsche: „Wenn es Götter gäbe, wie hielte ich's aus, kein Gott zu sein! Also gibt es keine Götter." (KSA, ZA, *2. Teil; Auf den glückseligen Inseln).* Doch er ahnte im Dionysischen etwas von „jenem Kern des höchsten Geisteslebens, das den ganzen Kosmos durchflutet. Nietzsche ahnte so etwas von dem, was die Pythagoräer Sphärenmusik nannten".[253]

Im antiken Griechenland und in den Schulungen der Mysterien waren Kunst, Wissenschaft und Religion miteinander verbunden. Sie mussten in der Entwicklung der Menschheit getrennt werden, um sich im Einzelnen zu vervollkommnen. Dieser Nachklang lebte als Ahnung schon im jungen Nietzsche und darin sah er später den Ausweg, um die Öde des Daseins zu ertragen: durch eine Erneuerung von Kunst, Wissenschaft und Religion. Dieser Impuls lebte sich im gesamten Werk von Nietzsche aus; im Versuch der „Rettung der Wissenschaft", seiner Lebensphilosophie, der Hoffnung auf eine Wiedergeburt der griechischen Tragödie, in seiner ganzen Kultur- und seiner Religionskritik. In seiner Suche nach dem geisterfüllten Übermenschen sah er in Richard Wagner das Idol, das vom Gesamtkunstwerk träumte, in dem alle Künste vereint sind.

Und aus dem Ausklingen dessen, was er so in seiner Seele erlebt, geht sein erstes, bedeutsames Werk hervor: ‚Die Geburt der Tragödie'. Da fällt er geradezu darauf, wie sich aus dem alten Griechentum aus dem Zustand der vereinten Künste, die griechische Kultur entwickelt hat. [...] Wie der Mensch in den Mysterien darinstand, kam Nietzsche so vor, als ob der Mensch sich selbst zum Kunstwerk gemacht hätte, als ob er den Rhythmus der Sterne, das Weltgeschehen im Tanze nachgeahmt hätte, als ob er das Weltgesetz hätte ausdrücken wollen. Aber Nietzsche hielt das alles für instinktives Gefühl. [...] Aber es ist eine Ahnung des Tatsächlichen. [...] Sie sehen, wie der Ausklang seiner Schrift ‚Die Geburt der Tragödie' ein Gemisch von Sehnsucht, Ahnung und Wirrnis ist.[254]

Friedrich Nietzsche 1882

Nietzsche vom Standpunkt des Geistes

Steiner sah den Weg zum Verständnis der *Geburt der Tragödie* vor allem in drei Gesichtspunkten:

> Wie ich schon erwähnt habe, war sein erstes Werk ‚Die Geburt der Tragödie aus dem Geiste der Musik'. Das war herausgeboren aus einer seltenen Vertiefung in Schopenhauers Philosophie und aus der Vertiefung in die Kunst, wie sie im Werk von Richard Wagner entgegentrat. Wer verstehen will, was diese Schrift als Morgenröte Nietzsches bedeutet, und auch verstehen will seinen Lebensweg, der muss sie herauserklären aus einer dreifachen Betrachtung. Erstens muss er sie herauserklären aus seiner Zeit, mit der Nietzsche intim gelebt hat. [...] Man kann ihn zweitens darstellen als ein Wesen, das man hervorgehen lässt aus seiner Persönlichkeit. Da ist er eines der interessantesten psychologischen, ja psychiatrischen Probleme. [...] Drittens kann man ihn darstellen vom Standpunkte der Weltanschauung des Geistes.[255]

Wir hatten bereits Nietzsches existenzielles, bis zur äußersten Konsequenz getriebenes Denken geschildert und seinen Kampf gegen das Sokratische in sich selbst. Er suchte mit seinem eigenständigen Denken die Quellen des Geistes und verleugnete dabei, gleichsam in einem Akt des geistigen Suizids, sein eigenes (sokratisches) Denken. Nur die Selbst-Werdung, die Verständigung mit sich selbst, hätte ihn zur Erkenntnis der Welt und seines eigenen Wesens führen können.

> Wenn sich der Mensch [...] nicht mit sich selbst verständigen kann, dann treten für ihn die Folgen im unmittelbaren Leben auf. Dann treten diese so auf, dass er sich selber ein unverständliches, ein für seine eigene Erkenntnis und dadurch auch für sein Leben nicht durchsichtiges Wesen ist.[256]

Das Leben wird auf diese Weise innerlich ausgehöhlt und verödet; die wichtigsten und intensivsten inneren Antriebe erlahmen. Nietzsche fühlte dieses Dilemma; seine äußere, naturwissenschaftlich tingierte Beobachtung der Welt wurde ihm innerlicher Schmerz. Deshalb suchte er nach Wegen, über den inneren Schmerz, den er in der Begegnung mit der Welt erlebte, hinwegzukommen. Das Aufgehen in der künstlerischen Weltanschauung Richard Wagners und die Hoffnung auf eine Vereinigung des Dionysischen mit dem Sokratischen, im singenden und musizierenden Sokrates, gehörte ebenso zu diesem Versuch, wie die Schopenhauersche Philosophie. Indem er sich in die griechische Seelenverfassung einlebte, meinte er in der Kunst das Element zu finden, wie sich der Grieche über sein unbefriedigendes sinnliches Dasein hinweggeholfen hat. Als sich ihm alle diese Vorstellungen und Hoffnungen als Illusion erwiesen hatten und scheinbar kein Weg zur Lösung seiner Lebensfragen mehr zu finden war, nahm er Zuflucht zu krankhaften Seelenzuständen, die zu den äußeren Lebensrätseln das entsprechende innere Erlebnis schaffen sollten. „Und so presste sich aus der Nietzsche-Seele heraus der Gedanke: Also darf der Mensch nicht Mensch bleiben, denn bleibt er Mensch, so höhlt er sich aus, so muss er im Schmerze ertrinken. Der Mensch muss zum Übermenschen werden."[257] Sein Zarathustra wurde ihm der Lehrer und Träger dieser Übermenschen-Idee. Nietzsche stellte die wichtigen Erkenntnisfragen seiner Zeit und suchte nach der Erkenntnis der Individualität, des freien Menschen und des freien Geistes, der aus sich selbst, als „Einziger", alle Antriebe seines Tuns entnimmt und keiner äußeren Macht gehorcht. Doch, so Steiner: „Will man den Menschen in seinem Verhältnisse zur Tat begreifen, dann braucht man eine Freiheitsphilosophie. Dann braucht man aber auch, zunächst wenigstens für das Problem der Freiheit, eine übersinnliche Forschung."[258]

Nietzsche war damit zugleich Kind des *Agnostizismus*[259] seiner Epoche. „Das ist das Einzigartige der Persönlichkeit Friedrich Nietzsches, dass gewissermaßen in seiner Seele sich ablud alles dasjenige, was man gerade an den hervorragendsten nach dem Agnostizismus hindrängenden Gedanken- und Empfindungswelten im letzten Drittel des 19. Jahrhunderts erleben konnte."[260]

Im Menschen, so schrieb Schelling in seiner *Philosophie der Offenbarung*, „soweit ihm ein Strahl von Schöpfungskraft verliehen ist, finden wir dasselbe Verhältnis, diesen selben Widerspruch, eine blinde, ihrer Natur nach schrankenlose Produktionskraft, der eine besonnene, sie beschränkende und bildende, eigentlich also negierende Kraft in demselben Subjekt entgegensteht. [...] Nicht in verschiedenen Augenblicken, sondern in demselben Augenblick zugleich trunken und nüchtern zu seyn, dies ist das Geheimnis der wahren Poesie. Dadurch unterscheidet sich die apollinische Begeisterung von der bloß dionysischen".[261]

Die wissenschaftliche Beobachtungsmethode der Naturwissenschaft dehnte Steiner in seiner *Freitheitsphilosophie* auf das Erkennen und die Natur des Denkens aus. Der Untertitel seiner *Philosophie der Freiheit* lautet entsprechend: „Seelische Beobachtungs-Resultate nach naturwissenschaftlicher Methode."[262] Er zeigte den Weg zur Beobachtung des Denkvorgangs und zum *Erleben* der menschlichen Freiheit durch das Erlebnis des freien menschlichen Wesens.

Die Quellen des Lebens und des Menschseins

Das, was ein Mensch im tiefsten Inneren wirklich gesucht und gewollt hat, wird oft erst nach dem Tode erlebbar und gute Biografen verstehen es, diese Gesichtspunkte herauszuarbeiten. Im Falle von Friedrich Nietzsche stehen wir vor einer Flut von Veröffentlichungen. Der erste Band etwa, der jüngst erschienenen Nietzsche-Kommentare, zur *Geburt der Tragödie* [263] enthält mehr als 700 Literaturangaben. Dennoch bleibt die Person Nietzsche ein Rätsel, ist schwer zu fassen und verbirgt sich. Trotzdem glauben wir sagen zu dürfen, dass Nietzsche in den Untergründen seiner Seele letztlich nach nichts Geringerem suchte, als nach den Quellen des Lebens und des Menschseins. Diese Auffassung vertrat auch Steiner, als er sagte:

Nietzsches Leid ist die tiefste, schmerzlichste Sehnsucht nach den Quellen des Lebens.[264]

Nietzsche ging diesen Weg allein, leidvoll, sehnsuchtsvoll und verwegen, sowie in mancher Hinsicht als Erster und Einziger. So können wir mit Andreas Urs Sommer sagen:

Sicher, Abwege und Holzwege wird der Verwegene viele beschreiten, aber selbst als Verwegener ist er doch immer auf einem Weg, oder steht doch zumindest im Verhältnis zu einem Weg, auch wenn er der erste und einzige ist, der diesen Weg einschlägt. Jede und jeder muss die eigene Verwegenheit finden. Hierbei darf man auf die lebensgestaltende und lebensverändernde Macht des Denkens vertrauen.[265]

Mit voller Klarheit und Berechtigung empfand Nietzsche, dass dem kulturellen Leben, der Wissenschaft und Kunst etwas fehlt, das mit dem „Leben" in Verbindung steht. Dieses „etwas" fand er im Dionysischen. Dionysos wurde ihm zum Symbol für das Leben schlechthin, für die Erfahrung des Ewigen und zur Konstante seines Schaffens, von der *Geburt der Tragödie*, bis in den Wahnsinn. So stimmen wir Ivanov zu, wenn er sagt:

Nietzsche gab der Welt Dionysos zurück: hierin bestand seine Mission und sein seherischer Wahnsinn.[266]

In Nietzsches seelischen Untergründen lebte eine instinktive Ahnung der antiken Mysterien, besonders von denen des Dionysos. Da er diese Ahnung nicht in eine Erkenntnis heraufholen konnte, verwoben sich auf dem Hintergrund seiner Biographie und Seelenstruktur seine philologischen, philosophischen und mythologischen Anschauungen zu einer Lebensphilosophie und mündeten schließlich im Wahnsinn. Dabei wäre die Philosophie der Weg für ihn gewesen, das Göttliche denkbar und begreiflich zu machen. Dionysos wurde für ihn am Schluss von *Jenseits von Gut und Böse* zum geheimen Zentrum seiner reifen Philosophie: das „Genie der Herzen", der „grosse Verborgene", „Versucher-Gott" und „Rattenfänger des Gewissens" (JGB 295).[267]

Die drei von Steiner vorgeschlagenen Deutungsebenen zum Verständnis des Lebensweges von Nietzsche scheinen uns daher sehr geeignet, das bisher Gesagte zusammenzufassen. Zum einen war Nietzsche intim verbunden mit dem geistigen und kulturellen Leben seiner Zeit und litt daran zutiefst. Er erlebte die großen Fragen seiner Zeit existenziell in sich, setzte sein Ideal und den Übermenschen in Relation zu seiner Kultur, wurde zum großen Kulturkritiker, aber konnte die Erkenntnisrätsel nicht lösen. So wurde er zum „Kämpfer gegen seine Zeit" und zerbrach daran.

Zweitens erklären sich viele Rätsel seines Lebens aus seiner Persönlichkeit und als psychologisches Phänomen. Er wurde durch seine Leidensfähigkeit, seine ‚Selbstanalyse' und Selbstkritik zum „Seelen-Errater" und Wegbereiter der späteren Tiefenpsychologie. Bei genauerer Betrachtung zeigt sich jedoch, dass er zugleich stets die geistige Seite des Menschen, den Geistaspekt der Psychologie, suchte, der erst später in der Humanistischen Psychologie und Transpersonalen Psychotherapie auftauchte.[268] So war er in Wirklichkeit auch einer der Vorbereiter und Vordenker einer spirituellen Psychologie oder „Höhenpsychologie", die genau jene philosophischen, religiösen und spirituellen Aspekte zur klassischen Psychologie und Psychotherapie ergänzt, ohne die menschliche Existenz nicht auskommt. Dabei spielt wiederum Dionysos und das ‚Dionysische' eine besondere Rolle. In der psychoanalytischen Deutung Freuds ist die Entstehung der gesamten menschlichen Kultur das Ergebnis von Sublimierung. Besonders die künstlerische Tätigkeit, das wissenschaftliche Forschen und die Religiosität stellen für Freud eine Überführung von sexuellen Trieben in andere Lebensbereiche dar, während die volle Befriedigung der sexuellen Bedürfnisse und Erregung die höchste Lebenserfüllung bedeutet. Über Freuds einseitige Libidotheorie hinausweisend zeigte Nietzsche am Beispiel von Dionysos einen anderen Zusammenhang. Dionysos ist nicht nur der Gott des Rausches und der Erregung; er ist zugleich ein Mysteriengott. Die Mysterienschulung und -einweihung führt jedoch in ihren tieferen Graden zu einer Umwandlung der Geschlechtskräfte in Erkenntniskräfte, in schöpferische Kräfte. Der positive Zusammenhang zwischen Libido und kreativen Tätigkeiten wurde indessen durch neuere Forschungen bestätigt. Schon der Begriff *Sublimierung* oder *Sublimieren* (von lat. *sublimis* bzw. *sublime*) bedeutet: hoch in der Luft befindlich, schwebend, in der Höhe und verweist damit auf etwas, das durch einen Veredelungsprozess auf eine höhere Stufe gebracht wird.

Auch bei diesem Thema weist Nietzsches eigenes Schicksal weit über ihn selbst hinaus in die Zukunft hinein und gehört geheimnisvoll zu seiner Mission. Er suchte als einsamer Wanderer auch hier nichts Geringeres als die Quellen des Lebens, die Wilhelm Reich so formulierte:

> Liebe, Arbeit und Wissen sind
> die Quellen unseres Lebens.
> Sie sollen es auch beherrschen.[269]

Drittens kann Nietzsche aus der „Weltanschauung des Geistes" heraus verstanden werden. Er stellte dem innerlich trockenen, rein intellektuellen Denken die „lebensgestaltende und lebensverändernde Macht" des Dionysischen entgegen, weil er den Weg zur „lebensgestaltenden und lebensverändernden Macht des Denkens"[270] noch nicht finden konnte. Hätte Nietzsche die „in der Denkbetätigung selbst dahinfließende Kraft, welche Kraft der Liebe in geistiger Art ist",[271] entdecken können, das „Leben im Denken", so wäre sein Leben sicherlich in anderen Bahnen verlaufen. Obwohl Nietzsche als originärer Denker und freier Geist neue Freiheitsräume eröffnete und eine neue Freiheit im Denken und Schaffen verkündete, wurde doch die *Philosophie der Freiheit* erst 1894 durch Steiner geschrieben.

Nietzsche war ein europäisches Ereignis und wurde zum „Erdbeben der Epoche" (Benn). Er ist nach wie vor kein historisches, sondern ein aktuelles Problem. Seine Nihilismusanalyse und Zeitkritik scheint der Gegenwart entnommen zu sein. Mit seinem „Scheitern" und Zerbrechen, mit seinem Suchen, Leiden und Wahnsinn war er ein Vorbereiter und „Vor-Leider" für die Zukunft. Sein Leidensweg ist wie ein Urbild für den modernen Menschen, gleichsam ein moderner „Faust".

Im Gegensatz zu psychologisch-biografischen Kausaltheorien, denen zufolge Nietzsche wegen seiner Konstitution und Kindheitsprägung zu bestimmten Auffassungen, zu seinem Werk und schließlich in den Wahnsinn getrieben wurde, möchten wir als Gegenstück dazu eine finale Betrachtung vorschlagen. Schon die Besonderheit, dass Nietzsche mit 24 Jahren zum außerordentlichen Professor bestellt wurde, so dass Burckhardt kommentierte: „ ... einen solchen Lehrer habe Basel noch niemals besessen“[272] und Ritschl feststellte: „ … *noch nie* einen jungen Mann gekannt [zu haben] … , der *so* früh und *so* jung schon *so* reif gewesen wäre, wie dieser Nietzsche“[273], verweist auf eine erhebliche Genialität, die er offenbar „mitbrachte“. Wenn wir auf die Hervorbringung seines Werkes als finale Sinnstruktur seines Lebens blicken, so erscheinen wiederum die Ereignisse seiner Biographie, seine Seelenstruktur und sein ganzer Weg als passend und notwendig für diese Aufgabe.

Mit seinem *Antichrist*, der den Untertitel *Fluch auf das Christentum* trägt, lieferte er die eindringlichste und härteste Kritik des Christentums in der europäischen Geistesgeschichte. Doch er blieb nicht nur Religionskritiker, sondern rief selbst einen neuen Gott aus, den „Gott Dionysos“, der aber nun, „ein Philosoph“ sei (JGB 295). Es handelt sich dabei, so Nietzsches Auffassung, um einen Gott, der nicht mehr durch Dogmen und moralische Normen wirkt und Glauben findet, sondern durch kritisches und selbstaufklärerisches Philosophieren.[274] Dabei knüpfte Nietzsche möglicherweise an das Johannes-Evangelium an, in dem er das Beispiel eines ‚dionysischen Christentums‘ fand.[275] Zukunftsweisend erklärte er, dass der Mensch vom Geschöpf zum Schöpfer werden muss.

Dionysos fügt dem seiner Natur nach zunächst ‚sokratischen‘ Denken, mit seiner Gefahr der trockenen Intellektualisierung, das lebensvolle Element, das ‚Leben im Denken‘ hinzu. Damit wird Dionysos zum fehlenden Bindeglied zwischen dem nüchtern-intellektuellen Denken und der *Erfahrung des Denkens* im Moment des Entstehens, des Geborenwerdens, *in statu nascendi*. Wiederum ahnte Nietzsche lediglich den Zusammenhang zwischen dem Leben und dem Denken, konnte ihn aber nicht fassen. Die *Erfahrung* des „lebendigen Denkens“ und zugleich die Schwierigkeit, das Denken beobachtend zu erfassen, schilderte Steiner in seiner *Philosophie der Freiheit* so:

> Die Schwierigkeit, das Denken in seinem Wesen beobachtend zu erfassen, liegt darin, dass dieses Wesen der betrachtenden Seele nur allzu leicht schon entschlüpft ist, wenn diese es in die Richtung ihrer Aufmerksamkeit bringen will. Dann bleibt ihr nur das tote Abstrakte, die Leichname des lebendigen Denkens. […] Man mag es absonderlich finden, wenn jemand in ‚bloßen Gedanken‘ das Wesen der Wirklichkeit ergreifen will. Aber wer sich dazu bringt, dass *Leben im Denken* wahrhaft zu haben, der gelangt

> zu der Einsicht, dass dem inneren Reichtum und der in sich ruhenden, aber zugleich in sich bewegten *Erfahrung* innerhalb dieses Lebens das Weben in bloßen Gefühlen oder das Anschauen des Willenselementes nicht einmal verglichen werden kann, geschweige denn, dass diese über jenes gesetzt werden dürften. Gerade von diesem Reichtum, von dieser inneren Fülle des Erlebens rührt es her, dass sein Gegenbild in der gewöhnlichen Seeleneinstellung tot, abstrakt aussieht. Keine andere menschliche Seelenbetätigung wird so leicht zu verkennen sein wie das Denken.[276]

Diese „in sich ruhende, aber zugleich in sich bewegte *Erfahrung*" des Denkens wird heute halb bewusst – und oft als solche verkannt – von vielen Menschen in Meditation, Spiritualität und ‚Entschleunigung' gesucht, als existenziell notwendiger Gegenpol zur ‚Beschleunigung' des Alltags. Allerdings setzt die Erfahrung des „Lebendigen Denkens" eine von Steiner vielfach beschriebene innere Schulung der Konzentrationsfähigkeit und Introspektion voraus, die dann zu exakten „seelischen Beobachtungsresultaten" führt.[277] In dieser Denkbetätigung kann die Erfahrung des Ich-Bin auftreten, die Selbstwerdung und Selbstbezeugung des Ichs, durch die alle Rätsel der Individualität gelöst werden, die Nietzsche suchte. Die Erfahrung des Ich-Bin wird auch „geistige Geburt" genannt und ist somit die wahre Wieder-Geburt, die Nietzsche vergeblich in der Tragödie erhoffte. So wäre die von ihm praktizierte und von Freud so hoch anerkannte Introspektion spiritualisiert und zu einer wahrhaftigen Höhen-Psychologie geworden. Dagegen wurde sein ‚Schicksal' selbst zur Tragödie: zur Seelentragödie.

Indem Nietzsche der Welt Dionysos zurückgab, vereinigte er zwei Aspekte der Mysterienschulung, die sich in der Kulturentwicklung getrennt hatten: die Denkschulung, Erkenntnistätigkeit und das Studium einerseits sowie die moralischen Schulung und Vervollkommnung, im Sinne der Katharsis und des „Erkenne Dich selbst" (Gnothi seauton; griech. Γνῶθι σεαυτόν), andererseits.

In Nietzsches Schaffen vereinigten sich verschiedene *Ströme und Kräfte* der Vergangenheit zu einem einzigartigen Schicksal, zur Seelentragödie und zum Erkenntnisdrama der Gegenwart. Die von ihm schonungslos durchgeführte – und durchlittene – Kultur- und Religionskritik ist und bleibt eine Herausforderung für jeden ernsthaft suchenden und strebenden Menschen der Gegenwart. Doch während die einen an den manchmal unerträglichen Zuständen in unserer Kultur leiden und darauf mit Depressionen, Krankheiten aller Art und Sinnlosigkeitsgefühlen reagieren, nutzen die anderen die Holz- und Abwege unserer Genuss- und Spaßkultur als Pflästerchen für die nach Sinn und wirklichem Leben schreiende Seele. Nietzsche schuf aus seinem Leid eine Lebensphilosophie im Zeichen des Dionysos und verwandelte damit Vergangenheitsströmungen und -kräfte zu starken Zukunftsimpulsen, an die wir anknüpfen können.

Ströme und Kräfte. Zum Nietzsche-Zyklus von Jobst Günther

von Jochen Kirchhoff

Kann man Nietzsche malen (ich meine als geistiges Phänomen)? Man kennt das Nietzscheportrait von Edvard Munch, – seltsam starr, irritierend, „abgründig". Man kennt die Heroenbüste von Max Klingner, die auch irritiert, doch auf andere Art, und manches mehr.

Jobst Günther geht einen ganz eigenen und (ich benutzte dieses klischeehafte Wort) durchaus originellen Weg, um sich als Maler dem Phänomen Nietzsche anzunähern. Vergröbert gesagt: Er übermalt alte Photographien, solche aus der Nietzsche-Zeit im weiten Sinn, und benutzt sie als Folie – und Chiffre. Man hat oft Mühe, das zugrunde liegende Photo auszumachen und einzuordnen. Daneben gibt es Eingesprengtes; Texte, Bilder, Photos, inselhaft irgendwie, die Aspekte und Etappen des Weges bezeichnen sollen, den Nietzsche gegangen ist.

Ein Beispiel: Ein Photo – „übermalt" – zeigt die Brücke der Piazza Vittorio Veneto und die Kirche Gran Madre di Dio in Turin, also jenen Ort, wo Nietzsches Geist irreversibel zerbricht. „Abends auf der Pobrücke: herrlich! Jenseits von Gut und Böse!" So heißt es in einem jener späten Briefe, die man nicht ohne Bewegung, ja Rührung lesen kann. – Hier legt Günther dunkle Linien hinein, die Unruhe signalisieren. Die Brücke ist in ein gespenstisches Gelb getaucht, wie auch ein handschriftliches Briefstück unten rechts (nicht das, aus dem eben zitiert wurde). – Finsternis, seltsam brütend, – Kräfte – weben ...

Immer wieder das Unheimliche in diesen Bildern, die Bewegung, das Heranrollen der nihilistischen Katastrophe hinter der so friedvoll wirkenden, bürgerlichen Fassade. Wagner, Schopenhauer, Leonardo da Vinci (der von Nietzsche so Bewunderte) tauchen auf, melden sich, werden zu Mitspielern.

Jobst Günther versucht seelische, geistige, epochale Ströme und Stürme über Linien und Farben ins Sinnliche zu ziehen, im üppig oder auch fahl Sinnlichen das dahinter Wirkende erahnbar zu machen. Dämonie und

Verhängnis, und zugleich ein sich hindurcharbeitendes Licht. Wirrnis und Klärung. Untergang und Neugestaltung.

Menschen in Kraftfeldern, die sie übersteigen und durchdringen. – Günther vermeidet das Pathetische. Er zielt nicht auf eine klar und eindeutig abzugreifende Botschaft, obwohl das anthroposophische Element unverkennbar bleibt. Aber es dominiert nicht. Es engt nicht ein. Günther malt keine Ideologie. Er malt Impulse und Energien, von denen man nicht weiß, woher sie kommen, wohin sie gehen, worauf sie zielen. Ein großes ES wirkt durch alles hindurch, das irgendwie, so scheint es, darauf wartet, Ich zu werden.

Ob man Nietzsche über die Bilder Günthers neu begreifen kann, will ich nicht entscheiden. Ich würde es eher verneinen, aber es ist auch nicht wichtig. Wichtiger ist das Bild als Bewegung, das auch im Betrachter diese (innere) Bewegung auslöst.

Wohin sie einen dann treibt, das ist wieder eine andere Geschichte „und soll ein anderes Mal erzählt werden" ...

Jochen Kirchhoff, Berlin, im Dezember 2011

Jochen Kirchhoff, geboren 1944, lebt als Philosoph und Schriftsteller in Berlin. Im Drachen Verlag ist sein naturphilosophisches Hauptwerk erschienen: „Was die Erde will", „Räume, Dimensionen, Weltmodelle", „Die Anderswelt" und „Die Erlösung der Natur". 1990 erschien in der Edition dionysos: „Nietzsche, Hitler und die Deutschen. Vom unerlösten Schatten des Dritten Reiches".

Jobst Günther, geboren 1943 in Reichenbach/Vogtland, ist freier Denker, Maler und Kunstlehrer. Er studierte 1964-1970 an der HdK Berlin und war Meisterschüler von Prof. Thieler. Seit 1971 arbeitet er als Kunstpädagoge und gründete 1985 die Kunstschule-Kreuzberg. Er lebt heute als freier Künstler in Bahnitz/Havel.

Nietzsche-Zyklus mit 14 Farbbildern von Jobst Günther

Lieber Herr Professor,

zuletzt wäre ich sehr viel lieber Baseler Professor als Gott, aber ich habe es nicht gewagt, meinen Privat-Egoismus so weit zu treiben, um seinetwegen die Schaffung der Welt zu unterlassen.

Sie sehen, man muss Opfer bringen wenn man lebt. –

Doch habe ich mir ein kleines Studenten-Zimmer reserviert, das dem Palazzo-Carigano […] gegenüber liegt […]. Ich zahle 25 fr. mit Bedienung, besorge den Thee und alle Einkäufe selbst, leide an zerrissenen Stiefeln …“

Aus einem Brief an Jakob Burckhardt in Basel
Turin, am Januar 1889

Turin 1889, Brücke mit Droschkengäulen
und Brief an Jakob Burckhardt

Die communicatio idiomatum (wechselseitige Mitteilung der Eigenarten), die sich nach theologischer Lehre zwischen der göttlichen und der menschlichen Natur Christi ereignet und beide zur integralen Einheit seiner Person gefügt haben soll, hat bei Nietzsche zwischen Physis und Geist tatsächlich stattgefunden, allerdings auf eine unheilige Weise: so, daß sie an der Einheit der Person permanent zerrte und sie schließlich zerriß.
Auch in dieser Hinsicht ist Nietzsche Antichrist.

Aus Christoph Türcke, „*Der tolle Mensch: Nietzsche und der Wahnsinn der Vernunft*"

Verehrte Frau, im Grunde die einzige Frau, die ich verehrt habe -... lassen Sie es sich gefallen, das erste Exemplar dieses Ecce homo entgegenzunehmen. Es wird darin im Grunde alle Welt schlecht behandelt, Richard Wagner ausgenommen – und noch Turin. Auch kommt Malvida als Kundry vor...
Der Antichrist.

Aus Nietzsches „Wahnsinnsbriefen", Turin, 25. Dezember 1889
(Entwurf einer Mitteilung an Cosima Wagner)

Nun sind Sie – bist Du – unser großer, größter Lehrer: denn ich, zusammen mit Ariadne, habe nun das goldene Gleichgewicht aller Dinge zu sein, wir haben in jedem Stücke solche, die über uns sind, [...]
Dionysos

Aus Nietzsches „Wahnsinnsbriefen", Turin, 4. Januar 1889
(Brief an Jakob Burckhardt)

Turin 1889, Brücke mit Droschkengäulen

Mein Gedächtnis ist überladen mit tausend beschämenden Erinnerungen, in Hinsicht auf solche Schwächen, in denen ich die Einsamkeit a b s o l u t nicht mehr ertrug. Mein Kranksein hinzugerechnet, welches immer die schauerlichste Entmuthigung über mich bringt; ich bin nicht umsonst so tief krank gewesen und noch jetzt durchschnittlich krank – wie gesagt, weil es mir am rechten Milieu fehlt und ich immer etwas Komödie spielen muss, statt mich an den Menschen zu erholen.

Aus einem Brief an Elisabeth Nietzsche
Venezia, 20. Mai 1885

Nietzsche mit seiner Schwester
(nach dem Zusammenbruch 1889)

Es ist ein Vorurtheil, daß ich ein Mensch bin. Aber ich habe schon oft unter Menschen gelebt und kenne Alles. […]

Ich bin unter Indern Buddha, in Griechenland Dionysos gewesen – Alexander und Caesar sind meine Inkarnationen, […]

Dies Mal aber komme ich als der siegreiche Dionysos,
der die Erde zu einem Festtag machen wird …
Nicht daß ich viel Zeit hätte …
Die Himmel freuen sich, daß ich da bin …
Ich habe auch am Kreuze gehangen …

Aus einem Brief an Cosima Wagner
Turin, 3. Januar 1889

„Wahnhall"

Als die Konfirmanden paarweise zum Altar traten, um kniend die Weihe zu empfangen, da knieten Nietzsche und ich als nächste Freunde nebeneinander.

Sehr wohl erinnere ich mich noch an die heilige, weltentrückte Stimmung, die uns während der Wochen vor und während der Konfirmation erfüllte.

Wir wären ganz bereit gewesen, sogleich abzuscheiden, um bei Christo zu sein, [...]

Paul Deussen „*Erinnerungen an Friedrich Nietzsche*“

Gymnasium Schulpforta
Schlafsaal in der ehemaligen Zisterzienserabtei

Eine Straße muß ich gehen,
die noch keiner ging zurück.

Aus der „Winterreise“ von Franz Schubert

Drei Dinge sind meine Erholungen, aber seltene Erholungen, mein Schopenhauer, Schuhmannsche Musik, endlich einsame Spaziergänge [...]

Was war mir der Mensch und sein unruhiges Wollen!

Was war mir das ewige „Du sollst“, „Du sollst nicht“!

Wie anders der Blitz, der Sturm, der Hagel, freie Mächte ohne Ethik!

Aus einem Brief an Carl Gersdorff,
7. April 1866

Aufbruch aus Naumburg

Ich gehöre zu den Lesern Schopenhauers, welche, nachdem sie die erste Seite von ihm gelesen haben, mit Bestimmtheit wissen, daß sie alle Seiten lesen werden und auf jedes Wort hören werden, das er überhaupt gesagt hat." (Ebd., 1874, S. 16-17).

Mein Vertrauen zu Schopenhauer war sofort da und ist jetzt noch dasselbe wie vor neun Jahren. Ich verstand ihn, als ob er für mich geschrieben hätte.

Das war die erste Gefahr, in deren Schatten Schopenhauer heranwuchs: Vereinsamung. Die zweite heißt: Verzweiflung an der Wahrheit. Diese Gefahr begleitet jeden Denker, welcher von der Kantischen Philosophie aus seinen Weg nimmt, vorausgesetzt, daß er ein kräftiger und ganzer Mensch in Leiden und Begehren sei und nicht nur eine klappernde Denk-und Rechenmaschine.

Der Schopenhauersche Mensch nimmt das freiwillige Leiden der Wahrhaftigkeit auf sich, und dieses Leiden dient ihm, seinen Eigenwillen zu ertöten und jene völlige Umwälzung und Umkehrung seines Wesens vorzubereiten, zu der zu führen der eigentliche Sinn des Lebens ist.

Es gibt eine Art zu verneinen und zu zerstören, welche gerade der Ausfluß jener mächtigen Sehnsucht nach Heiligung und Errettung ist, als deren erster philosophischer Lehrer Schopenhauer unter uns entheiligte und recht eigentlich verweltlichte Menschen trat.

Friedrich Nietzsche, „*Unzeitgemäße Betrachtungen. Schopenhauer als Erzieher*".

Wenn Dir übrigens der entfesselte Prometheus auf dem Titelblatt ebensogut gefällt, wie er etwa Jakob Burckhardt gefällt: so erweise dem Künstler die Ehre und nenne ihn: Leopold Rau in Berlin.

Es war für mich ein ergreifender Augenblick, als heute die ersten Exemplare bei mir eintrafen. Ich habe immer die Worte auf den Lippen: Schaff, das Tagwerk meiner Hände, großer Geist, dass ich`s vollende!

Aus einem Brief an Erwin Rohde in Kiel
Basel, 2. Januar 1872

„Die Geburt der Tragödie aus dem Geiste der Musik"
(Prometheus, entfesselt)

Mein lieber Freund Overbeck, es gibt doch jedesmal, wenn jetzt ein Bayreuther Brief an mich ankommt, einen halbstündigen Krampf; immer ist mir's als ob ich aufspringen, alles von mir werfen und zu Euch eilen müsste! Wie die wunderbarste Versuchung höre ich oft auf meinen Spaziergängen so etwas vom „flüssigen Gold" jenes Orchesterklangs...

Aus einem Brief an Franz Overbeck in Bayreuth
11. August 1875

Richard und Cosima, Bayreuth

... aber der Tod der Natur – in unserer eigenen Seele bzw. Bewusstseinsverfassung f a s t schon vollzogen – ist eine reale Möglichkeit.

Kant glaubte bewiesen zu haben, daß metaphysische Erkenntnise – also Erkenntnisse, die das Wesen der Dinge betreffen, – für die Vernunft unmöglich sind. [...] *Die Naturgesetzte werden in dieser Sichtweise zur Selbstbespiegelung des erkennenden Subjekts.*

Aus: Jochen Kirchhoff „*Nietzsche, Hitler und die Deutschen*"

„Der europäische Nihilismus", I

Das ist keine Schweiz, kein Recoaro, etwas g a n z Anderes, jedenfalls viel südlicheres – ich müßte schon nach den Hochebenen von Mexiko am Stillen Ozeane gehen, um etwas Ähnliches zu finden (z.B. Oaxaca) und da allerdings mit tropischer Vegetation.

An meinem Horizonte sind Gedanken aufgestiegen,
dergleichen ich noch nicht gesehen habe – [...]

Ach, Freund, mitunter läuft mir eine Ahnung durch den Kopf, daß ich eigentlich ein höchst gefährliches Leben lebe, denn ich gehöre zu den Maschinen, welche z e r s p r i n g e n können!

Aus einem Brief an Heinrich Köselitz
Sils-Maria, 14. August 1881

Sils-Maria, See

„Das ist er“ – Nietzsche beim Anblick von Leonardo da Vinci's Selbstportrait.

Der Mensch ist ein Seil, geknüpft zwischen Tier und Übermensch – ein Seil über einem Abgrunde.

Ich sage euch: man muß noch Chaos in sich haben, um einen tanzenden Stern gebären zu können. Ich sage euch: ihr habt noch Chaos in euch. Wehe! Es kommt die Zeit, wo der Mensch keinen Stern mehr gebären wird. Wehe!

Aus: Friedrich Nietzsche, „*Also sprach Zarathustra*“

Zarathustra

Um an die Ausarbeitung meines Büchleins zu gehen, muß erst die Messe vorüber sein, die allzusehr die Ruhe des Denkens stört [...].

Kaum genießbar sind jetzt die Speisen, die man in den Restaurationen bekommt. Dazu wimmelt alles von abscheulichen geistlosen Affen und anderen Kaufleuten.

Aus einem Brief an Franziska und Elisabeth Nietzsche
Leipzig, 22. April 1866

… die indirekte Apologetik des Imperialismus als demagogisch wirkungsvolle Pseudorevolution.

Georg Lukás

Was kann Nietzsche dafür, daß die Politiker nachträglich bei ihm ihr Bild bestellten?

Gottfried Benn

… aber die Zukunft war in Wahrheit das Land seiner Liebe …

Thomas Mann

Imperialismus, Gesetz, „Peitsche", es ist jener Zwerg der Zweifel, jener „Nibelung" Mime, den Nietzsche immer gehasst, mit dem er kämpfte; und an dem Nietzsche zugrunde ging.

Aus: Andrej Belyi „*Die Krisis der Kultur*"

Siglenverzeichnis

AC	Nietzsche, Friedrich: Der Antichrist. Fluch auf das Christenthum [1888], in: KSA 6, S. 165–254.
BAW	Nietzsche, Friedrich: Werke und Briefe. Historisch-kritische Gesamtausgabe: Werke, 5 Bde. [Jugendschriften 1854–1869], München 1933–1940.
CV	Nietzsche, Friedrich: Fünf Vorreden zu fünf ungeschriebenen Büchern, in: KSA 1, S. 753–792.
DD	Nietzsche, Friedrich: Dionysos-Dithyramben [1888], in: KSA 6, S. 375–411.
DW	Nietzsche, Friedrich: Die dionysische Weltanschauung, in: KSA 1, S. 551–577.
EH	Nietzsche, Friedrich: Ecce homo. Wie man wird, was man ist [1888], in: KSA 6, S. 255–374.
FW	Nietzsche, Friedrich: Die fröhliche Wissenschaft („la gaya scienza") [1882/87], in: KSA 3, S. 343–651.
GD	Nietzsche, Friedrich: Götzen-Dämmerung oder Wie man mit dem Hammer philosophirt [1888], in: KSA 6, S. 55–161.
GM	Nietzsche, Friedrich: Zur Genealogie der Moral. Eine Streitschrift [1887], in: KSA 5, S. 245–412.
GMD	Nietzsche, Friedrich: Das griechische Musikdrama, in: KSA 1, S. 515–532.
GT	Nietzsche, Friedrich: Die Geburt der Tragödie aus dem Geiste der Musik [1872], in: KSA 1, S. 9–156.
GTG	Nietzsche, Friedrich: Die Geburt des tragischen Gedankens, in: KSA 1, S. 579–599.
GWC	Nietzsche, Friedrich: Gesetz wider das Christenthum [1888], in: KSA 6, S. 254 [angehängt an AC].
HkP	Nietzsche, Friedrich: Homer und die klassische Philologie. Ein Vortrag [1869], in: KGW II 1, S. 247–269.
IM	Nietzsche, Friedrich: Idyllen aus Messina [1882], in: KSA 3, S. 333–342.
JGB	Nietzsche, Friedrich: Jenseits von Gut und Böse. Vorspiel einer Philosophie der Zukunft [1886], in: KSA 5, S. 9–243.
KGB	Nietzsche, Friedrich: Briefwechsel. Kritische Gesamtausgabe, hrsg. v. Giorgio Colli und Mazzino Montinari, Berlin / New York 1975 ff.
KGW	Nietzsche, Friedrich: Werke. Kritische Gesamtausgabe, hrsg. v. Giorgio Colli und Mazzino Montinari, Berlin / New York 1967 ff.
KGW IX	Nietzsche, Friedrich: Werke. Kritische Gesamtausgabe, hrsg. v. Giorgio Colli und Mazzino Montinari. Neunte Abteilung. Der handschriftli-

che Nachlaß ab Frühjahr 1885 in differenzierter Transkription, hrsg. v. Marie-Luise Haase, Michael Kohlenbach und Martin Stingelin, Berlin / New York 2001 ff.

KSA — Nietzsche, Friedrich: Sämtliche Werke. Kritische Studienausgabe in 15 Einzelbänden, hrsg. v. Giorgio Colli und Mazzino Montinari, 3. Auflage, München / Berlin / New York 1999.

KSA 14 — Colli, Giorgio / Montinari, Mazzino: Friedrich Nietzsche. Kommentar zu den Bänden 1–13 [der KSA].

KSB — Nietzsche, Friedrich: Sämtliche Briefe. Kritische Studienausgabe in 8 Bänden, hrsg. v. Giorgio Colli und Mazzino Montinari, 2. Auflage, München / Berlin / New York 2003.

MA I-II — Nietzsche, Friedrich: Menschliches, Allzumenschliches. Ein Buch für freie Geister [1878/86] = KSA 2.

M — Nietzsche, Friedrich: Morgenröthe. Gedanken über die moralischen Vorurtheile [1881], in: KSA 3, S. 9–331.

MD — Nietzsche, Friedrich: Mahnruf an die Deutschen, in: KSA 1, S. 891–897.

NJ — Nietzsche, Friedrich: Ein Neujahrswort an den Herausgeber der Wochenschrift „Im neuen Reich", in: KSA 1, S. 793–797.

NL — Nietzsche, Friedrich: Nachlass, zitiert nach KSA oder KGW.

NW — Nietzsche, Friedrich: Nietzsche contra Wagner. Aktenstücke eines Psychologen [1888], in: KSA 6, S. 413–445.

PHG — Nietzsche, Friedrich: Die Philosophie im tragischen Zeitalter der Griechen [1873], in: KSA 1, S. 799–872.

SGT — Nietzsche, Friedrich: Sokrates und die griechische Tragödie, in: KSA 1, S. 601–640.

ST — Nietzsche, Friedrich: Socrates und die Tragödie, in: KSA 1, S. 533–549.

UB I DS — Nietzsche, Friedrich: Unzeitgemässe Betrachtungen. Erstes Stück: David Strauss der Bekenner und der Schriftsteller [1873], in: KSA 1, S. 157–242.

UB II HL — Nietzsche, Friedrich: Unzeitgemässe Betrachtungen. Zweites Stück: Vom Nutzen und Nachtheil der Historie für das Leben [1874], in: KSA 1, S. 243–334.

UB III SE — Nietzsche, Friedrich: Unzeitgemässe Betrachtungen. Drittes Stück: Schopenhauer als Erzieher [1874], in: KSA 1, S. 335–427.

UB IV WB — Nietzsche, Friedrich: Unzeitgemässe Betrachtungen. Viertes Stück: Richard Wagner in Bayreuth [1876], in: KSA 1, S. 429–510.

VM — Nietzsche, Friedrich: Menschliches, Allzumenschliches. Anhang: Vermischte Meinungen und Sprüche [1879], in: MA II.

WA — Nietzsche, Friedrich: Der Fall Wagner. Ein Musikanten-Problem [1888], in: KSA 6, S. 9–53.

WL	Nietzsche, Friedrich: Ueber Wahrheit und Lüge im außermoralischen Sinne [1873], in: KSA 1, S. 873–890.
WS	Nietzsche, Friedrich: Der Wanderer und sein Schatten [1880], in: MA II.
WWV	Schopenhauer, Arthur: Die Welt als Wille und Vorstellung.
WzM1	Nietzsche, Friedrich: Der Wille zur Macht. Erste Fassung = GoA 15, Leipzig 1901 [zitiert mit Abschnittnummer].
WzM2	Nietzsche, Friedrich: Der Wille zur Macht. Zweite Fassung = GoA 15 und 16, Leipzig 1911 [zitiert mit Abschnittnummer].
Za	Nietzsche, Friedrich: Also sprach Zarathustra. Ein Buch für Alle und Keinen [1883/85] = KSA 4.
ZB	Nietzsche, Friedrich: Ueber die Zukunft unserer Bildungsanstalten. Sechs öffentliche Vorträge [1872], in: KSA 1, S. 641–752.

Anmerkungen

1 Gedicht *Dionysos* von 1910, aus: Heym, Georg, *Dichtungen und Schriften*, hrsg. v. K. L. Schneider (Hamburg, Darmstadt: WBG, 1960).

2 Vgl. Schmidt, Jochen, *Kommentar zu Nietzsches „Die Geburt der Tragödie"*, 1/1 (Berlin/Boston: de Gruyter, 2012), S. 87.

3 Zit. n.: Andreas-Salomé, Lou, *Friedrich Nietzsche in seinen Werken*, 3. Aufl. (Dresden, 1924), S. 34.

4 Zit. n.: Stroux, Johannes, *Nietzsches Professur in Basel* (Jena, 1925), S. 32 f.; Vgl. Montinari, Mazzino, *Friedrich Nietzsche: Eine Einführung* (Berlin: de Gruyter, 1991), S. 48.

5 Hufnagel, Erwin, „Dionysos: Metaphysik, Mythos und Moderne", in: *Nietzscheforschung. Jahrbuch der Nietzsche-Gesellschaft*, Bd. 9 (Berlin: Akademie Verlag, 2002), S. 172.

6 Vgl. Venturelli, Aldo, „Der musiktreibende Sokrates. Musik und Philosophie in der Entstehungsgeschichte der „Geburt der Tragödie", in: *Nietzscheforschung. Jahrbuch der Nietzsche-Gesellschaft*, Bd. 13 (Berlin: Akademie Verlag, 2005), S. 25–37.

7 So bot etwa López als Deutung dieser verschiedenen Facetten die Erklärung, dass Nietzsche versuchte, die historisch genaue Erklärung der griechischen Kunst mit einer Metaphysik der in der Romantik entstandenen Musik zu verbinden und dass der Wille dazu durch die von Wagner ausgearbeitete Verbindung der antiken Tragödie mit seiner eigenen Musik ausgelöst wurde. López, Héctor Julio Pérez, „Die doppelte Wahrheit von Nietzsches Tätigkeit 1870-1872. Zur Beziehung griechischer Rhythmik und moderner Musikästhetik im Umkreis der ‚Geburt der Tragödie'", in: *Nietzscheforschung. Eine Jahresschrift*, Bd. 2 (Berlin: Akademie Verlag, 1995), S. 220.

8 Hermeneutik (altgr. ἑρμηνεύειν / *hermēneúein* bedeutet erklären, auslegen, übersetzen) ist eine Theorie über das Verstehen und eine Methode der Auslegung von Texten. Vgl. dazu: Figl, Johann, „Nietzsche und die philosophische Hermeneutik des 20. Jahrhunderts", in: *Nietzsche Studien*, Bd. 10/11 (Berlin/New York: de Gruyter, 1981), S. 408–417; Tongeren, Paul van, „Nietzsches Hermeneutik der Scham", in: *Nietzsche Studien*, Bd. 36 (Berlin/New York: de Gruyter, 2007), S. 131–154; Baum, Manfred, „Hermeneutik bei Nietzsche", in: *Beatrix Himmelmann (Hrsg.), Kant und Nietzsche im Widerstreit* (Berlin/New York: de Gruyter, 2005), S. 16–28.

9 Ricoeur, Paul, *Die Interpretation. Ein Versuch über Freud.* (Frankfurt/Main: Suhrkamp, 1974), S. 38.

10 Ricoeur, Paul, *Hermeneutik und Strukturalismus. Der Konflikt der Interpretationen. Ausgewählte Aufsätze (1960-1969)* (München: Alber, 1973), S. 21.

11 Während Cancik das Werk zurückhaltend beurteilt, steht ihr Latacz wohlwollend gegenüber. Cancik, Hubert, *Nietzsches Antike. Vorlesung* (Weimar: Metzler, 1995); Latacz, Joachim, „Furchtbares Ärgernis. Nietzsches ‚Geburt der Tragödie und die gräzistische Tragödienforschung'", in: *Nietzsche und die Schweiz, hrsg. v. David Marc Hoffmann* (Zürich, 1994). Vgl. weiter die Kommentare v. von Reibnitz, Landfester und Orsucci in: Otmann, Henning (Hrsg.), *Nietzsche-Handbuch. Leben – Werk – Wirkung* (Stuttgart, Weimar: Metzler, 2000) sowie die *Allgemeine Einleitung* in: Schmidt, *Kommentar zu Nietzsches „Die Geburt der Tragödie"*, VII.

12 Benn, Gottfried, „Nietzsche nach 50 Jahren (1950)", in: *Nietzsche und die deutsche Literatur*, Bd. 1, Texte zur Nietzsche-Rezeption 1873-1963 (Tübingen: DTV, 1978).

13 Zur Geschichte des Dionysischen in der Wissenschaft vgl.: Henrichs, Albert, „Loss of Self, Suffering, Violence: The Modern View of Dionysos from Nietzsche to Girard", in *Havard Studies in Classical Philology 88, hrsg. v. D. R. Shackleton Bailey* (Havard University Press, 1984), S. 219–233; Schmidt, *Kommentar zu Nietzsches „Die Geburt der Tragödie"*, S. 79 f.

14 Aus Gründen der Übersichtlichkeit wird hier bis zum nächsten Kapitel ausnahmsweise auf die stellenweise Zitierung verzichtet. Die folgenden Zitate stammen alle aus *Die Geburt der Tragödie*, zumeist im Kapitel 1.

15 Vgl. Schüle, Chr., „Apollinisch – dionysisch", in *Nietzsche-Handbuch. Leben – Werk – Wirkung, hrsg. v. H. Ottmann* (Stuttgart, Weimar, 2000), S. 187–190; Riedel, Volker, „Nietzsche und das Bild einer ‚dionysischen Antike' in der deutschsprachigen Literatur des 20. Jahrhunderts", in: *Nietzscheforschung. Jahrbuch der Nietzsche-Gesellschaft*, Bd. 8 (Berlin: Akademie Verlag, 2001), S. 68.

16 Gerhardt, Volker, *Friedrich Nietzsche*, 4. Aufl. (München: Beck, 2006), S. 79.

17 Driever, Ralph, *Ästhetik und Artistik – Untersuchungen zum Kunstbegriff Friedrich Nietzsches (Inaugural-Dissertation Phil., Ruhr-Universität Bochum)* (Bochum: Selbstverlag, 1986), S. 109.

18 Schmidt, *Kommentar zu Nietzsches „Die Geburt der Tragödie"*, S. 6.

19 Homer: *Ilias* 6, S. 130-140.

20 Die *Dionysika* (Geschichten von Dionysos) sind ein von Nonnos von Panopolis in der Spätantike verfasstes Epos über das Leben des Dionysos in 48 Büchern und stammt aus dem 5. Jh. n. Chr. Textausgabe: Keydell, Rudolf (Hrsg.), *Nonni Panopolitani Dionysiaca* (Berlin: Weidmann, 1959); dt. Übersetzung: Ebener, Dietrich (übers. u. hrsg.), *Nonnos. Werke in zwei Bänden* (Berlin/Weimar: Aufbau-Verlag, 1985).

21 Diodor(os) (altgr.: Διόδωρος) war ein Zeitgenosse Caesars und antiker griechischer Geschichtsschreiber und Schriftsteller im 1. Jh. v. Chr. der ein auf

Griechisch geschriebenes Geschichtswerk Βιβλιοθήκη Ἱστορική verfasste. Diodoros, *Griechische Weltgeschichte* (Buch 1-40), Bibliothek der griechischen Literatur (Stuttgart: Hiersemann, 1992), 4,3,2 f.

22 Aus: *Corpus Inscriptionum Latinarum,* Bd. 1, Nr. 581. Die Umstände der Entstehung wurden von Titus Livius (etwa 59 v. Chr.-17 n. Chr.) kommentiert: Livius: *Ab urde condita* 39, 8-19. Vgl.: Burck, Erich, *Das Geschichtswerk des Titus Livius* (Heidelberg: Winter, 1992).

23 Eine ausführliche Schilderung dazu bei: Schuré, Edouard, *Die großen Eingeweihten* (München: Barth, 1955), Kapitel: Orpheus. Die Mysterien des Dionysos, S. 157 ff.

24 Tatianos (hrsg. u. übers. v. Jörg Trelenberg), *Oratio ad Graecos. Rede an die Griechen* (Tübingen: Mohr Siebeck UTB, 2012), S. 8.

25 Schröder, Stephan F., „Dionysos, der fremde Gott. Feste und Riten in Delphi und Athen", in: *Dionysos. Rausch und Ekstase, Hrsg. vom Bucerius Kunst Forum und den Staatlichen Kunstsammlungen Dresden* (Hamburg/Dresden: Hirmer, 20013/14), S. 24–29.

26 Schuré, Edouard, *Die Heiligtümer des Orients. Ägypten – Griechenland – Palästina* (Stuttgart: Engel & Seefels, 1991), S. 133.

27 Zit. n.: Kerényi, Karl, *Die Mysterien von Eleusis* (Zürich: Rhein-Verlag, 1962), S. 29.

28 Pausanias, (gr. Παυσανίας, * um 115 n. Chr. in Kleinasien † um 180 n. Chr.) war griechischer Schriftsteller und Geograph, wird aber auch zu den Historikern gerechnet. Vgl. Pausanias, *Beschreibung Griechenlands", 7. Buch 19,9,* in: Habicht, Christian, *Pausanias und seine „Beschreibung Griechenlands"* (München: Beck, 1985) sowie: Ivanov, Vjačeslav, „Nietzsche und Dionysos", in: *Nietzscheforschung. Jahrbuch der Nietzsche-Gesellschaft*, Bd. 12 (Berlin: Akademie Verlag, 2005), S. 249–260.

29 Diese ursprünglich von Droysen stammende und später von Bernheim modifizierte Einteilung nennt Überreste: „Alles, was unmittelbar von den Begebenheiten übriggeblieben ist", und Tradition: „Alles, was von den Begebenheiten übriggeblieben ist, hindurchgegangen und wiedergegeben durch menschliche Auffassung". Vgl. Heuß, Alfred, „Überrest und Tradition. Zur Phänomenologie der historischen Quellen", *Archiv für Kulturgeschichte 25*, 1934, S. 134–183; Bernheim, Ernst, *Einleitung in die Geschichtswissenschaft*, 3. Aufl. (Berlin/Leipzig: de Gruyter, 1926), S. 104–132; Beck, Friedrich/ Henning, Eckart (Hrsg.), *Die archivalischen Quellen. Mit einer Einführung in die Historischen Hilfswissenschaften*, 5. Aufl. (Böhlau/Köln: Uni-Taschenbücher, 2012).

30 Einerseits gilt (nach Sellin): *„Quellen sprechen nur, wenn man sie befragt, und sie sprechen so oder anders, je nachdem, wie man sie befragt"* , Sellin, Volker, *Einführung in die Geschichtswissenschaft* (Göttingen: Vandenhoeck & Ruprecht,

2005), S. 48; andererseits gilt (nach Santifaller): *„Eine Geschichtsschreibung, die nicht auf Quellen beruht, ist keine Wissenschaft“*, Beck/Henning, *Die archivalischen Quellen*, S. 2.

31 Euripides, *Die Bakchen* (Stuttgart: Reclam, 1968).

32 Vgl. dazu Schuré, *Die Heiligtümer des Orients*, Kapitel: Die Akropolis. – Das Theater von Athen und die Tragödie, S. 147 ff. u. S. 158.

33 Die Aufstellung folgt der Arbeit von: Bierl, Anton, „Der vielnamige Dionysos. Wesen und Funktion des Gottes im Spiegel seiner Beinamen“, in: *Dionysos. Rausch und Ekstase, Hrsg. vom Bucerius Kunst Forum und den Staatlichen Kunstsammlungen Dresden* (Hamburg/Dresden: Hirmer, 2013), S. 30–39; vgl. auch: Seaford, Richard, *Dionysos (Gods and Heroes of the Ancient World)* (Routledge, 2006).

34 Otto, Walter F., *Dionysos. Mythos und Kultus*, 6. Aufl. (Frankfurt/Main: Vittorio Klostermann, 1996). Das Dionysos-Buch von Walter F. Otto (1874-1958) war als Ergänzung gedacht zu: ders., *Die Götter Griechenlands. Das Bild des Göttlichen im Spiegel des griechischen Geistes*, 10. Aufl. (Frankfurt/Main: Vittorio Klostermann, 2013).

35 Den Entstehungsprozess des Werkes haben u.a. untersucht: Reibnitz, Barbara von, *Ein Kommentar zu Friedrich Nietzsches „Die Geburt der Tragödie aus dem Geiste der Musik“* (Stuttgart: Metzler, 1992); Bruse, Klaus Detlev, „Die griechische Tragödie als ‚Gesamtkunstwerk – Anmerkungen zu den musikästhetischen Reflexionen des frühen Nietzsche‘“, in: *Nietzsche-Studien 13*, 1984, S. 156–176.

36 Schmidt, *Kommentar zu Nietzsches „Die Geburt der Tragödie“*, S. 37.

37 Vgl. Babich, Babette E., „Nietzsches Ursprung der Tragödie als Musik. Lyrik – Rhetorik – Skulptur“, in: *Nietzscheforschung. Jahrbuch der Nietzsche-Gesellschaft*, Bd. 13 (Berlin: Akademie Verlag, 2005), S. 221–238.

38 Nietzsche, Friedrich, *Das griechische Musikdrama*, KSA I, S. 526.

39 Euripides späte Tragödie *Die Bakchen* wurde posthum im Jahr 405 v.u.Z. in Athen uraufgeführt. Euripides, *Die Bakchen*.

40 López, „Die doppelte Wahrheit …“, S. 219 u. 225.

41 Vgl. Reibnitz, *Ein Kommentar …*, S. 164.

42 Vgl. Müller, Renate G., „Anmerkungen zu Nietzsches Tragödienproblem. Von der Schulzeit bis zu den Vorarbeiten zur ‚Geburt der Tragödie unter Berücksichtigung des Verhältnisses zu Wagner‘, in: *Nietzscheforschung. Eine Jahresschrift*, Bd. 2 (Berlin: Akademie Verlag, 1995), S. 248; Müller, Karl Ottfried, *Geschichte der griechischen Literatur bis auf das Zeitalter Alexanders, 2 Bde.*, 2. Aufl. (Breslau, 1857); Reibnitz, *Ein Kommentar …*, mit Textauszug aus York v. Wartenbergs Buch: *Die Katharsis des Aristoteles und der Oedipus Coloneus des Sophokles* (Berlin, 1866).

43 In der Geburtstagssammlung für seine Mutter (N. 6), überschrieben mit „Des Cyrus Jugendjahre." Vgl. Müller, Renate G., „Wandrer, wenn du im Griechenland wanderst ... – Reflexionen zur Bedeutsamkeit von „Antike für den jungen Friedrich Nietzsche", in: *Nietzscheforschung. Eine Jahresschrift*, Bd. 1 (Berlin: Akademie Verlag, 1994), S. 179 f.

44 Schmidt, Herman Josef, „„stets mein Vorhaben, ein kleines Buch zu schreiben.' Nietzsches Leben und Texte 1844-1864, ein Überblick", in: *Nietzscheforschung. Jahrbuch der Nietzsche-Gesellschaft*, Bd. 5/6 (Berlin: Akademie Verlag, 2000).

45 Die Bücher wurden von ihm mehrfach in der Universitätsbibliothek Basel während der Zeit der Arbeit an der GT ausgeliehen. Vgl. ausführlich: Schmidt, *Kommentar zu Nietzsches „Die Geburt der Tragödie"*, S. 42 f.

46 Steiner, Rudolf, *Methodische Grundlagen der Anthroposophie. Gesammelte Aufsätze 1884 – 1901*, 2. Aufl., GA 30 (Dornach/Schweiz: Rudolf Steiner Verlag, 1961), S. 544.

47 Schmidt, *Kommentar zu Nietzsches „Die Geburt der Tragödie"*, S. 123.

48 Vgl. Ebd., S. 41.

49 Stirner, Max, *Der Einzige und sein Eigentum* (Stuttgart: Reclam, 1972), S. 4.

50 Ebd., S. 170.

51 Vgl. Dietzsch, Steffen, „Karl Joëls Nietzsche und die Romantik neu gelesen", in: *Nietzscheforschung. Jahrbuch der Nietzsche-Gesellschaft*, Bd. 11 (Berlin: Akademie Verlag, 2004), S. 26.

52 Fragmente 14 (4,5,6) aus dem Jahr 1871, (KSA 7, S. 376 f.).

53 Schmidt, Jochen, „Nietzsches Geburt der Tragödie aus dem Geist Schopenhauers und Wagners", in: *Nietzscheforschung*, Bd. 18 (Berlin: Akademie Verlag, 2011), S. 203.

54 Borchmeyer, Dieter/Salaquarda, Jörg (Hrsg.), *Nietzsche und Wagner. Stationen einer epochalen Begegnung* (Frankfurt/Main: Insel-Verlag, 1994), S. 1149.

55 Müller, „Anmerkungen zu Nietzsches Tragödienproblem ...", S. 246.

56 Schmidt, Bertram, *Der ethische Aspekt der Musik: Nietzsches Geburt der Tragödie und die Wiener klassische Musik* (Würzburg: Königshausen & Neumann, 1991), S. 15 f.

57 Vgl. Dahlhaus, Carl, *Die Idee der absoluten Musik* (Kassel: Bärenreiter, 1987). Der Begriff bezieht sich auf die Instrumentalmusik oder „Musik ohne Worte".

58 Georgiades stellte die griechische Musik als Einheit von Rhythmus, Musik, Tanz und Vers dar, deren Wurzel in der Sprache liegt. Georgiades, Thrasybulos, *Musik und Rhythmus bei den Griechen: Zum Ursprung der abendländischen Musik* (Hamburg: Rowohlt, 1958). Auch neuere Untersuchungen bestätigen diese Auffassung. Vgl. Riethmüller, Albrecht/Zaminer, Frieder (Hrsg.), *Die Musik des Altertums*, Bd. 1, Neues Handbuch der Musikwissenschaft (Wiesbaden: Laaber, 1989).

59 Reibnitz, *Ein Kommentar ...*, S. 63; Ritschl, Friedrich, *Opuscula philologica. 5 Bd.*, (Leipzig: Teubner, 1866), Bd. I, S. 258–270; Westphal, Rudolf, *Geschichte der alten und mittelalterlichen Musik* (Breslau: Leuckert, 1865).

60 Platon, *Der Staat (Übertr. u. hrsg. v. Karl Vretska)* (Ditzingen: Reclam, 2001), S. 183; Pol 401d.

61 Sorgner, Stefan Lorenz, „Musik und Ethik in Nietzsches „Geburt der Tragödie", in: *Nietzscheforschung*, Bd. 13, 2006, S. 61.

62 Ebd., S. 69 f.

63 Liébert, Georges, *Nietzsche and Music (translated by David Pellauer and Graham Parkes)* (Chicago: The University of Chicago Press, 2004), S. 93; Meyer, Theo, *Nietzsche und die Kunst* (Stuttgart: UTB, 1993), S. 104.

64 Borchmeyer/Salaquarda, *Nietzsche und Wagner*, S. 88 u. 194.

65 Schmidt, *Kommentar zu Nietzsches „Die Geburt der Tragödie"*, S. 6.

66 Vgl. Meyer, Matthew H., „Menschliches, Allzumenschliches und der musiktreibende Sokrates", in: *Nietzscheforschung. Jahrbuch der Nietzsche-Gesellschaft*, Bd. 10 (Berlin: Akademie Verlag, 2003), S. 134.

67 Ross, Werner, *Der wilde Nietzsche oder: Die Rückkehr des Dionysos* (Stuttgart: Deutsche Verlags-Anstalt, 1996), S. 38.

68 Heidegger, Martin, *Nietzsche, 2 Bde.*, 7. Aufl. (Stuttgart: Klett-Cotta, 1961), Bd. 1, S. 473 f.; vgl. dazu: Stegmaier, Werner, „Schicksal Nietzsche? Zu Nietzsches Selbsteinschätzung als Schicksal der Philosophie und der Menschheit", in: *Nietzsche Studien*, Bd. 37 (Berlin/New York: de Gruyter, 2008).

69 Die Formulierung „erst von mir an gibt es wieder Hoffnungen, Aufgaben, vorzuschreibende Wege der Cultur" hatte Nietzsche wörtlich von Heinrich Köselitz übernommen (Vgl. dessen Brief an Nietzsche vom 25. Oktober 1888 in: KGB III 6, Nr. 594, S. 337).

70 Vgl. Riedel, „Nietzsche und das Bild einer ‚dionysischen Antike'", S. 69.

71 Vgl. Osterkamp, Ernst, „Dionysos unter den Deutschen. Der Weingott in der Literatur seit der Aufklärung", in: *Dionysos. Rausch und Ekstase,Hrsg. vom Bucerius Kunst Forum und den Staatlichen Kunstsammlungen Dresden* (Hamburg/Dresden: Hirmer, 2013), S. 70–75.

72 Über den Unterschied zwischen Wiederkehr und Wiederkunft bei Nietzsche ist in der Nietzscheforschung viel geschrieben worden, obwohl beide Begriffe nach wie vor unterschiedlich interpretiert werden. Vgl. dazu: Honneth, Andreas, *Das Paradox des Augenblicks. „Zarathustra's Vorrede" und Nietzsches Theorem der „ewigen Wiederkunft des Gleichen"* (Würzburg: Königshausen & Neumann, 2004).

73 Nietzsche, Friedrich, *Dionysos-Dithyramben, hrsg. v. Wolfram Groddeck, 2 Bde.* (Berlin/New York: de Gruyter, 1991).

74 Watzlawick, Paul/Beavin, Janet H./Jackson, Don D., *Menschliche Kommunikation – Formen, Störungen, Paradoxien*, 12. Aufl. 2011 (Bern: Huber, 1969), S. 247.

75 Dilthey, Wilhelm, *Gesammelte Schriften*. Bd. 7: *Der Aufbau der geschichtlichen Welt in den Geisteswissenschaften* (Göttingen: Vandenhoeck & Ruprecht, 2006), S. 250.

76 Heidegger, Martin, *Sein und Zeit* (Berlin: Akademie Verlag, 2007), S. 372.

77 Figl, „Nietzsche und die philosophische Hermeneutik des 20. Jahrhunderts", S. 417 ff.

78 Steiner, Rudolf, *Die Rätsel der Philosophie in ihrer Geschichte als Umriß dargestellt*, GA 18 (Dornach/Schweiz: Rudolf Steiner Verlag, 1914), S. 542.

79 Steiner, Rudolf, *Mein Lebensgang*, 8. Aufl., GA 28 (Dornach/Schweiz: Rudolf Steiner Verlag, 1983), S. 191.

80 Vgl. Steiner, Rudolf, *Friedrich Nietzsche. Ein Kämpfer gegen seine Zeit*, GA 5 (Dornach/Schweiz: Rudolf Steiner Verlag, 1895), S. 19.

81 Steiner, Rudolf, *Ursprung und Ziel des Menschen. Grundbegriffe der Geisteswissenschaft*, GA 53, 2. Aufl. (Dornach/Schweiz: Rudolf Steiner Verlag, 1981), Vortrag vom 1. Dezember 1904 in Berlin über „Friedrich Nietzsche im Lichte der Geisteswissenschaft", S. 175 f.

82 Steiner, Rudolf, *Gesammelte Aufsätze zur Literatur 1884-1902*, 2. Aufl., GA 32 (Dornach/Schweiz: Rudolf Steiner Verlag, 1971), S. 154.

83 Ebd., GA 32, S. 156.

84 Steiner, Rudolf, *Vergangenheits- und Zukunftsimpulse im sozialen Geschehen*, 2. Aufl., GA 190 (Dornach/Schweiz: Rudolf Steiner Verlag, 1971), Vortrag vom 6. April 1919, S. 131.

85 Ebd., S. 131 f.

86 Steiner, Rudolf, *Gesammelte Aufsätze zur Kultur- und Zeitgeschichte 1887-1901*, 3. Aufl., GA 31 (Dornach/Schweiz: Rudolf Steiner Verlag, 1989), S. 454.

87 Steiner, Rudolf, *Geisteswissenschaft als Erkenntnis der Grundimpulse sozialer Gestaltung*, 2. Aufl., GA 199 (Dornach/Schweiz: Rudolf Steiner Verlag, 1985), Vortrag vom 29. August 1920, S. 188.

88 Frankl, Viktor, *Der unbewußte Gott: Psychotherapie und Religion*, 8. Aufl. (München: DTV, 2006).

89 Frankl, Viktor, *Der Mensch vor der Frage nach dem Sinn. Eine Auswahl aus dem Gesamtwerk*, 19. Aufl. (München: Piper, 2006), S. 155.

90 Frankl, Viktor, *Ärztliche Seelsorge. Grundlagen der Logotherapie und Existenzanalyse* (Frankfurt/Main: Fischer, 1997), S. 118.

91 Frankl, Viktor, *Der Mensch vor der Frage nach dem Sinn. Eine Auswahl aus dem Gesamtwerk*, S. 22.

92 Ebd., S. 120 f; vgl. auch: Lukas, Elisabeth, *Von der Tiefen- zur Höhenpsychologie. Logotherapie in der Beratungspraxis* (Freiburg: Herder, 1983).

93 Hufnagel, „Dionysos: Metaphysik, Mythos und Moderne“, S. 167.

94 Die von dem israelisch-amerikanischen Medizinsoziologen Aaron Antonovsky (1923-1994) begründete Salutogenese fragt nach den Faktoren, die zur Entstehung und Erhaltung von Gesundheit führen. Demnach ist Gesundheit nicht als Zustand, sondern als Prozess zu verstehen. Antonovsky, Aaron, *Salutogenese. Zur Entmystifizierung der Gesundheit* (Tübingen: dgvt-Verlag, 1997).

95 Kühlewind, Georg, *Vom Normalen zum Gesunden. Wege zur Befreiung des erkrankten Bewußtseins*, 5. Aufl. (Stuttgart: Freies Geistesleben, 1995).

96 Rudolf Steiner, *Friedrich Nietzsche als Dichter der modernen Weltanschauung*, in: Steiner, Rudolf, *Gesammelte Aufsätze zur Kultur- und Zeitgeschichte 1887-1901*, GA 31, S. 484.

97 Vgl. Figl, Johann, „Dionysos und der Gekreuzigte. Nietzsches Identifikation und Konfrontation mit zentralen religiösen Figuren“, in: *Nietzscheforschung. Jahrbuch der Nietzsche-Gesellschaft*, Bd. 9 (Berlin: Akademie Verlag, 2002), S. 160.

98 Ebd.

99 Vgl. Schmidt, Herman Josef, „Von ‚Als Kind Gott im Glanze gesehen zum Christenhass?‘ Nietzsches früh(st)e weltanschauliche Entwicklung (1844-1864), eine Skizze“, in: *Nietzscheforschung. Jahrbuch der Nietzsche-Gesellschaft*, Bd. 8 (Berlin: Akademie Verlag, 2001), S. 95–118.

100 Jaspers, Karl, *Vernunft und Existenz. Fünf Vorlesungen, gehalten vom 25. bis 29. März 1935 an der Universität Groningen (Holland)* (Groningen: Wolters, 1935).

101 Rudolf Steiner, *Haeckel, Tolstoi und Nietzsche*, in: Steiner, Rudolf, *Gesammelte Aufsätze zur Kultur- und Zeitgeschichte 1887-1901*, GA 31, S. 502.

102 Steiner, Rudolf, *Gesammelte Aufsätze zur Literatur 1884-1902*, GA 32, S. 235.

103 Ebd., GA 31, S. 503.

104 Vgl. Schmidt, *Kommentar zu Nietzsches „Die Geburt der Tragödie“*, S. 5.

105 Gründer, Karlfried (Hrsg.), *Der Streit um Nietzsches „Geburt der Tragödie“. Die Schriften von E. Rohde, R. Wagner, U.v. Wilamowitz-Möllendorff* (Hildesheim: Olms, 1969), S. 41 u. 55.

106 Kazantzakis, Nikos, *Alexis Sorbas* (Hamburg: Rowohlt, 1955).

107 Ebd., S. 136.

108 Gerhardt, Volker, „Nietzsches Alter-Ego. Über die Wiederkehr des Sokrates“, in: *Nietzscheforschung. Jahrbuch der Nietzsche-Gesellschaft*, Bd. 8 (Berlin: Akademie Verlag, 2001), S. 332.

109 Rudolf Steiner, *Balzac*, in: Steiner, Rudolf, *Gesammelte Aufsätze zur Literatur 1884-1902*, GA 32, S. 43.

110 Steiner, *Friedrich Nietzsche. Ein Kämpfer gegen seine Zeit*, GA 5, S. 96.

111 Brusotti, Marco/Heit, Helmut, „Nietzsches Philosophie des Geistes. Einleitung“, S. 231–234, sowie: Land, Thomas, „Zur Autonomie des Geistes in Nietzsches Philosophie“, in: *Nietzscheforschung. Jahrbuch der Nietzsche-*

Gesellschaft. Wirklich. Wirklichkeit. Wirklichkeiten. Nietzsche über „wahre" und „scheinbare" Welten. Hrsg. v. Renate Reschke (Berlin: Akademie Verlag, 2012), S. 289–300.

112 Steiner, *Friedrich Nietzsche. Ein Kämpfer gegen seine Zeit*, GA 5, S. 96.

113 Vgl. Müller, Enrico, *Die Griechen im Denken Nietzsches (Monographien und Texte zur Nietzsche-Forschung)* (Berlin/New York: de Gruyter, 2005), S. 188–220.

114 Steiner, *Die Rätsel der Philosophie,* GA 18, S. 543.

115 Gerhardt, „Nietzsches Alter-Ego. Über die Wiederkehr des Sokrates", S. 323 f.

116 Steiner, Rudolf, „Friedrich Nietzsches Persönlichkeit und die Psycho-Pathologie, in: „Wiener Klinische Rundschau, Wien. Organ für die gesamte praktische Heilkunde sowie für die Interessen des ärztlichen Standes. XIV. Jahrg., Nr. 37 (auch als Sonderdruck im Verlag Joh. N. Vernay, Wien 1900)", in: *Friedrich Nietzsche. Ein Kämpfer gegen seine Zeit*, GA 5, S. 165 f.

117 Meyer, Matthew H., „Menschliches, Allzumenschliches und der musiktreibende Sokrates", in: *Nietzscheforschung. Jahrbuch der Nietzsche-Gesellschaft*, Bd. 10 (Berlin: Akademie Verlag, 2003), S. 136.

118 Steiner, *Methodische Grundlagen der Anthroposophie*, GA 30, S. 496.

119 Rudolf Steiner: *Nietzscheanismus*, in: Steiner, *Gesammelte Aufsätze zur Kultur- und Zeitgeschichte 1887-1901*, GA 31, S. 460.

120 Vgl. das Standardwerk dazu: Volz, Pia Daniela, *Nietzsche im Labyrinth seiner Krankheit: eine medizinisch-biographische Untersuchung* (Würzburg: Königshausen & Neumann, 1990). Nach neueren Forschungen wird die vorherrschende Lehrmeinung, dass Friedrich Nietzsche zumindest in seinen späten Jahren unter einer Neurosyphilis mit Delirium tremens litt, bezweifelt. Dagegen sieht man im „MELAS-Syndrom" (eine seltene Mitochondriale Enzephalomyopathie-Laktatazidose mit schlaganfallähnlichen Episoden, transitorischen Lähmungen, Sprachstörungen, und in einigen Fällen mit auftretenden Psychosen) eine fruchtbare Hypothese, die Nietzsches Symptome gut erklären könnten und als „spezifisch" genug gelten. Nietzsche soll es durch die mütterliche Familienlinie vererbt bekommen haben. Dies vertritt u.a. Dr. Beatriz Sánchez Segura in Madrid, der ich für diese Informationen herzlich danke. Andere halten dies für eher unwahrscheinlich, da zwar ein Teil von Nietzsches Symptomen mit MELAS vereinbar ist, jedoch zu unspezifisch, um darauf eine konkrete Diagnose zu gründen. Die weitere Spekulation über die wahre Ursache von Nietzsches Krankheiten bleibt jedoch müßig, solange diese nicht z. B. mittels genetischer Untersuchungen bestätigt oder verworfen werden kann. Vgl.: Koszka, C., *Friedrich Nietzsche (1844-1900): a classical case of mitochondrial encephalomyopathy with lactic acidosis and stroke-like episodes (MELAS) syndrome?* (PubMed, 2009); Wahl, Volker/Bauer, Joachim/Greiling, Werner/Grisebach, Lucius/Meder, Cornel/Riederer, Jens/Rößner, Alf/Werner, Mike G. (Hrsg.), *Weimar-Jena: Die große Stadt – Das kulturhistorische Archiv.*

Themenheft: Nietzsche in Jena: Beiträge zu Friedrich Nietzsches Krankheit und sein Klinikaufenthalt in Jena 1889/90, Bd. 1/2011 (Jena: Vopelius, 2011); Klopstock, Thomas, „Friedrich Nietzsche und seine Krankheiten: kein ausreichender Anhalt für MELAS", in: *Nietzsche Studien*, Bd. 42 (Berlin/New York: de Gruyter, 2013), S. 293–297.

121 Steiner, *Mein Lebensgang*, GA 28, S. 187.

122 Goethe, Johann Wolfgang, *Naturwissenschaftliche Schriften Bd. I bis V. Mit Einleitungen und Erläuterungen im Text, hrsg. von Rudolf Steiner* (Nachdruck der Erstauflage in „Deutsche National-Literatur") 1883-1897 (Dornach/Schweiz: Rudolf Steiner Verlag, 1982); ders. *Einleitungen zu Goethes Naturwissenschaftlichen Schriften*, GA 1, 4. Aufl. (Dornach/Schweiz: Rudolf Steiner Verlag, 1987).

123 Steiner, Rudolf, *Wo und wie findet man den Geist?*, GA 57 (Dornach/Schweiz: Rudolf Steiner Verlag, 1961), Vortrag vom 20. März 1909, S. 358.

124 Steiner, *Mein Lebensgang*, GA 28, S. 188 f.

125 Volz, *Nietzsche im Labyrinth seiner Krankheit*, S. 255; Vgl. auch: Figl, „Dionysos und der Gekreuzigte", S. 148 f.

126 Volz, *Nietzsche im Labyrinth seiner Krankheit*, S. 256.

127 Verrecchia, Analecto, *Zarathustras Ende. Die Katastrophe Nietzsches in Turin* (Wien/Köln/Graz: Böhlau, 1986), S. 228.

128 Ivanov, „Nietzsche und Dionysos", S. 255.

129 Steiner, Rudolf, „Die Philosophie Friedrich Nietzsches als psycho-pathologisches Problem", in: Wiener Klinische Rundschau, Wien, Organ für die gesamte praktische Heilkunde sowie für die Interessen des ärztlichen Standes. XIV. Jahrg., Nr. 30 und 31, in: *Friedrich Nietzsche. Ein Kämpfer gegen seine Zeit*, GA 5, S. 128 u. 149.

130 Vgl. Zanker, Paul, *Eine Kunst für die Sinne. Zur Bildwelt des Dionysos und der Aphrodite* (Berlin: Wagenbach, 19998), S. 17–22; Philipp, Michael, „Herrschaft und Subversion. Die dionysische Bildwelt von der Antike bis zur Gegenwart", in: *Dionysos. Rausch und Ekstase, Hrsg. vom Bucerius Kunst Forum und den Staatlichen Kunstsammlungen Dresden* (Hamburg/Dresden: Hirmer, 2013), S. 10–23.

131 Vgl. dazu: Lossi, Annemaria, *Nietzsche und Platon. Begegnungen auf dem Weg der Umdrehung des Platonismus* (Würzburg: Königshausen & Neumann, 2006).

132 Baeumer, Max L., *Dionysos und das Dionysische in der antiken und deutschen Literatur* (Darmstadt: WBG, 2006), S. 25 f.

133 Zit. n.: Ebd., S. 27.

134 Jaspers, Karl, *Nietzsche. Einführung in das Verständnis seines Philosophierens* (Berlin: Springer, 1936). Vgl. auch: Jaspers, Karl, *Nietzsche und das Christentum* (Hameln, 1946); Jaspers, Karl, „Die Frage nach der Wahrheit bei

Nietzsche", in: *100 Jahre philosophische Nietzsche-Rezeption. Hrsg. von Alfredo Guzzoni* (Frankfurt/Main, 1991).

135 Salaquarda, Jörg, „Noch einmal Ariadne – Die Rolle Cosima Wagners in Nietzsches literarischem Rollenspiel", in: *Nietzsche Studien. Internationales Jahrbuch für die Nietzsche-Forschung. Hrsg. v. Mazzino Montinari,* Bd. 25 (Berlin/New York: de Gruyter, 1996), S. 124.

136 Köhler, Joachim, *Friedrich Nietzsche und Cosima Wagner. Die Schule der Unterwerfung* (Rowohlt, 1999), S. 13.

137 „... and when he became insane Nietzsche produced the most schocking erotic literature. It was destroyed by his careful sister, but Professor Overbeck had a glimpse of it, and there is plenty of evidence of his patological." Liebscher, Martin, „Wotan, und 'Puer Aeternus", in: *Nietzsche Studien. Internationales Jahrbuch für die Nietzsche-Forschung. Hrsg. v. Mazzino Montinari,* (Berlin/New York: de Gruyter, 2001), S. 334, Anm. 24.

138 Vgl. Verrecchia, *Zarathustras Ende,* S. 385.

139 Figl, „Dionysos und der Gekreuzigte", S. 153.

140 Steiner, „Die Philosophie Friedrich Nietzsches als psycho-pathologisches Problem", S. 166.

141 Vogel, Martin, *Apollinisch und Dionysisch. Geschichte eines genialen Irrtums. (Studien zur Musikgeschichte des 19. Jahrhunderts. 6)* (Regensburg: Bärenreiter, 1966); Baeumer, M.L., „Das moderne Phänomen des Dionysischen und seine „Entdeckung durch Nietzsche", in: *Nietzsche Studien 6,* 1977, S. 123–153; Behler, E., „Die Auffassung des Dionysischen durch die Brüder Schlegel und Friedrich Nietzsche", in: *Nietzsche Studien 12,* 1983, S. 335–354; Barbera, E., „Das Apollinische und das Dionysische. Einige nichtantike Quellen bei Nietzsche", in: *Nietzsche und die antike Philosophie, hrsg. von D. W. Conway und R. Rehn* (Trier, 1922), S. 131–152.

142 Rehn, R., „Nietzsches Model der Vorsokratik", in: *Nietzsche und die antike Philosophie, hrsg. von D. W. Conway und R. Rehn* (Trier, 1922), S. 37. Zu Nietzsches Polemik gegen die „Heiterkeit" der Griechen vgl. DW (KSA 1, 561) und GT (KSA 1, 11).

143 Meyer, Theo, *Nietzsche und die Kunst* (Stuttgart: UTB, 1993), S. 154.

144 Vgl. Vogel, *Apollinisch und Dionysisch.*

145 Steiner, *Friedrich Nietzsche. Ein Kämpfer gegen seine Zeit,* GA 5, S. 89.

146 Ebd., GA 5, S. 99 f.

147 Rudolf Steiner, *Max Stirner,* in: Steiner, *Gesammelte Aufsätze zur Literatur 1884-1902,* GA 32, S. 213; vgl. auch ebd. *Max Stirner und Friedrich Nietzsche* (Leipzig 1882), S. 166 ff.

148 Steiner, Rudolf, *Briefe Band II: 1890 – 1925,* 2. Aufl., GA 39 (Dornach/Schweiz: Rudolf Steiner Verlag, 1987), S. 186.

149 Steiner, *Briefe Band II: 1890 – 1925*, GA 39, S. 182. Gemeint ist Steiners: *Die Philosophie der Freiheit. Grundzüge einer modernen Weltanschauung. Seelische Beobachtungs-Resultate nach naturwissenschaftlicher Methode*, GA 4, 14. Aufl. (1978) (Dornach/Schweiz: Rudolf Steiner Verlag).

150 „Versuch einer Selbstkritik“, KSA, GT, 1 S. 14 ff.

151 KSA, GT, 1, S. 13 f.; KSA, EH, 6, S. 310; Vgl. Gerhardt, Volker, *Pathos und Distanz. Studien zur Philosophie Friedrich Nietzsches* (Stuttgart: Reclam, 1988), S. 12–71.

152 Hufnagel, „Dionysos: Metaphysik, Mythos und Moderne“, S. 170.

153 Vattimo, Gianni, *Friedrich Nietzsche. Eine Einführung* (Stuttgart ; Weimar: Metzler, 1992), S. 96.

154 Vgl. Ivanov, „Nietzsche und Dionysos“, S. 252.

155 Aufsatz: „Nietzscheanismus, in: Steiner, Rudolf, *Gesammelte Aufsätze zur Kultur- und Zeitgeschichte 1887-1901*, GA 31, 3. Aufl. (Dornach/Schweiz: Rudolf Steiner Verlag, 1989), S 453.

156 Das Fin de Siècle (franz. „Ende des Jahrhunderts“), auch *Dekadentismus* genannt, bezeichnet eine künstlerisch-kulturelle Bewegung in der Zeit von etwa 1890 bis 1914, die den kulturellen Verfall zu ihrem Objekt machte. Aschheim, Steven E., *Nietzsche und die Deutschen* (Stuttgart: Metzler, 2000).

157 Kazantzakis, Nikos, *Rechenschaft vor El Greco* (Berlin: Herbig, 1978).

158 Steiner, *Ursprung und Ziel des Menschen*, GA 53, Vortrag vom 1. Dezember 1904, S. 168.

159 Diese ursprünglich für antik gehaltene Statue stellte sich jedoch später als Kopie des späten 18. Jh. heraus. Vgl. Knebel, Kristin, *Goethe als Sammler figürlicher Bronzen. Sammlungsgeschichte und Bestandskatalog* (Leipzig, 2009), S. 134 f., Nr. 91.

160 Vgl. Petersen, Uwe, *Goethe und Euripides. Untersuchungen zur Euripides-Rezeption in der Goethezeit* (Heidelberg, 1974), S. 196–204.

161 Vgl. Osterkamp, „Dionysos unter den Deutschen“, S. 73 f.

162 Hölderlin, Friedrich, *Sämtliche Werke und Briefe,* hrsg. v. Michael Knaupp, Bd. 1 (München, 1992), S. 151.

163 Borchardt, Rudolf, *Bacchische Epiphanie, hrsg. u. mit Nachwort von Bernhard Fischer* (München: Fischer, 1992).

164 Mittelpunkt, Ausgangs- und Endpunkt der Oper ist der Selbstmord des Beamten und griechischen Dichters Kostas Karyotakis, dessen Gedichte in der Oper als Arien vertont sind.

165 Jaspers, *Vernunft und Existenz,* S. 30.

166 Hufnagel, „Dionysos: Metaphysik, Mythos und Moderne“, S. 167.

167 Ross, *Der wilde Nietzsche*, S. 60.

168 Steiner, *Ursprung und Ziel des Menschen*, GA 53, Vortrag vom 1. Dezember 1904 „Friedrich Nietzsche im Licht der Geisteswissenschaft“, S. 166.

169 Jaspers, *Vernunft und Existenz.*

170 Steiner, Rudolf, *Aus dem mitteleuropäischen Geistesleben*, 1. Aufl., GA 65 (Dornach/Schweiz: Rudolf Steiner Verlag, 1962), Vortrag vom 23. März 1916, S. 497.

171 Steiner, Rudolf, *Die Beantwortung von Welt- und Lebensfragen durch die Anthroposophie*, 2. Aufl., GA 108, (Dornach/Schweiz: Rudolf Steiner Verlag, 1986), Vortrag vom 10. Juni 1908, S. 281.

172 Vgl. Wehr, Gerhard, *Friedrich Nietzsche. Der „Seelen-Errater" als Wegbereiter der Tiefenpsychologie* (Freiburg i. Br.: Aurum, 1982), S. 21.

173 Mann, Thomas, *Nietzsche s Philosophie im Lichte unserer Erfahrung. In: Essays. Band 3. Schriften über Musik und Philosophie.* (Frankfurt/Main: Fischer, 1982), S. 247.

174 Vgl. ausführlich zur Thematik der Scham bei Nietzsche: Tongeren, Paul van, „Nietzsches Hermeneutik der Scham", in: *Nietzsche Studien*, Bd. 36 (Berlin/New York: de Gruyter, 2007), S. 131–154.

175 Gödde, Günter, *Traditionslinien des Unbewußten Schopenhauer. Nietzsche, Freud* (Tübingen: edition diskord, 1999).

176 Freud, Sigmund, *Gesammelte Werke, hrsg. von Anna Freud*, Bd. 14 (Frankfurt/Main, 1968), S. 86.

177 Das Verhältnis Freuds zu Nietzsche schildern: Ellenberger, Henry F., *Die Entdeckung des Unbewußten: Geschichte und Entwicklung der dynamischen Psychiatrie von den Anfängen bis zu Janet, Freud, Adler und Jung* (Bern: Diogenes, 2011); Gödde, Günter, *Traditionslinien des Unbewußten. Schopenhauer, Nietzsche, Freud.*

178 Aschheim, Steven E., *Nietzsche und die Deutschen*, S. 54 f.

179 Freud, Sigmund, *Zur Psychopathologie des Alltagslebens*, 3. Aufl. (Berlin, 1910), GW 4, S. 77–78.

180 Habermas, Jürgen, *Erkenntnis und Interesse* (Frankfurt/Main: Suhrkamp, 1973), S. 262.

181 Jones, Ernest, *Das Leben und Werk von Sigmund Freud,* 3 Bde. (Bern: Huber, 1960), Bd. II, S. 405 f.

182 Freud, Ernst L.(Hrsg.), *Sigmund Freud/Arnold Zweig: Briefwechsel* (Frankfurt/Main: Fischer, 1969), S. 35 f.

183 Ebd., S. 37.

184 Vgl. dazu: Gasser, Reinhard, *Nietzsche und Freud* (Berlin/New York: de Gruyter, 1997); Ellenberger, Henry F., *Die Entdeckung des Unbewußten: Geschichte und Entwicklung der dynamischen Psychiatrie von den Anfängen bis zu Janet, Freud, Adler und Jung;* Wehr, Gerhard, *Friedrich Nietzsche. Der „Seelen-Errater" als Wegbereiter der Tiefenpsychologie;* ders.: *Pioniere des Unbewussten. Gründergestalten der Tiefenpsychologie* (Stuttgart: opus magnum, 2013).

185 Vgl. Lesmeister, Roman/Metzner, Elke (Hrsg.), *Nietzsche und die Tiefenpsychologie* (Freiburg i. Br.: Alber, 2010).

186 Adler, Alfred, *Der nervöse Charakter. Grundzüge einer vergleichenden Individualpsychologie und Psychotherapie* (Wiesbaden: Bergmann, 1912).

187 Vgl. dazu: Bishop, Paul, *The Dionysian Self: C. G. Jung's Reception of Friedrich Nietzsche* (Berlin/New York: de Gruyter, 1995).

188 Über die Psychologie des Unbewußten, in: Jung, Carl Gustav, *Zwei Schriften über Analytische Psychologie.*, 3. Aufl., Bd. GW 7 (Düsseldorf: Patmos, 1981), S. 128.

189 Jaffe, A., *Erinnerungen, Träume, Gedanken von C. G. Jung*, 13. Aufl. (Zürich und Düsseldorf: Walter, 2003), S. 108 ff.

190 Jarrett, James L., *Jung's Seminar on Nietzsche's Zarathustra,* 2 Bde. (Princeton, NJ: Abridget Edition, 1988), Bd. 1, S. 370.

191 Jung, Carl Gustav, *Briefe*, Gesammelte Werke, Bd. 3 (Zürich, 1960), S. 370 f.

192 Jung, Carl Gustav, *Kryptomnesie*, Bd. GW 1 (Olten: Walter, 1972), S. 113 f.

193 Benn, Gottfried, *Gesammelte Werke*, Bd. 2 (Frankfurt/Main, 2004), S. 1046.

194 Jaspers, Karl, *Allgemeine Psychopathologie*, 9. Aufl. (Berlin/Heidelberg/New York: Springer, 1973), S. 300. Vgl. auch: Mauser, Wolfram/Pietzcker, Carl (Hrsg.), *Literatur und Psychoanalyse: Erinnerungen als Bausteine einer Wissenschaftsgeschichte* (Würzburg: Königshausen & Neumann, 2008); Burger, Martin, *Der Entlarver hinter der Maske: die Sprache der Seele in der Philosophie Friedrich Nietzsches* (Nürnberg: Walther, 2011).

195 Reich, Wilhelm, *American Odyssey: Letters & Journals, 1940-1947, hrsg. v. Mary Boyd Higgins* (New York: Farrar, Straus and Giroux, 1999), S. 432.

196 Reich, Wilhelm, *Christusmord* (Olten und Freiburg, 1978), S. 33 f.

197 Frick, Eckhardt, *Psychosomatische Anthropologie. Ein Lehr- und Arbeitsbuch für Unterricht und Studium. Unter Mitarbeit von Harald Gündel* (Stuttgart: Kohlhammer, 2009), S. 52, 204 f., 208 ff.

198 Loukidelis, Nikolaos, „Die „große Vernunft des Leibes und das „Über-sich-hinaus-Schaffen. Eine Interpretation zur vierten Rede Zarathustras", in: *Nietzsche – Macht – Größe, hrsg. v. Volker Caysa und Konstanze Schwarzwald* (Berlin/Boston: de Gruyter, 2012), S. 223. Loukidelis, Nikolaos, „Zu Nietzsches Begriff vom menschlichen Leben", in*: Simon Springmann, Asmus Trautsch (Hrsg.) Was ist Leben? Festgabe für Volker Gerhardt zum 65. Geburtstag* (Berlin, 2009), S. 37.

199 Steiner, *Gesammelte Aufsätze zur Kultur- und Zeitgeschichte 1887-1901*, GA 31, S. 468.

200 Vgl. Henrichs, Albert, *Der rasende Gott: Zur Psychologie des Dionysos und des Dionysischen in Mythos und Literatur* (Berlin/New York: de Gruyter, 1994).

201 Burger, Martin, *Der Entlarver hinter der Maske : die Sprache der Seele in der Philosophie Friedrich Nietzsches.*

202 Ebd., Demaskierung des Entlarvers? Sinn und Unsinn „tiefenpsychologischer" Deutungen der Philosophie Nietzsches.

203 Griesser, Luitpold, *Nietzsche und Wagner – Neue Beiträge zur Geschichte und Psychologie ihrer Freundschaft* (Hamburg: Severus, 2010), S. 294 f.; Sommer, Andreas Urs, *Nietzsches Kommentar: „Der Antichrist", „Ecce homo", „Dionysos-Dithyramben" Nietzsche contra Wagner, kommentiert von Andreas Urs Sommer*, Bd. 6/2 (Berlin/Boston: de Gruyter, 2013), Kommentar zu 285, 4–286, 12, S. 410.

204 Podach zählt auf mehr als einer Seite zahlreiche Deutungen dieser mythischen Figur in Nietzsches Werk auf: Podach, Erich F., „Nietzsches Ariadne. Ein Blick in Notizbücher Nietzsches. Eine schaffensanalytische Studie", in: *Nietzsche, hrsg. v. Jörg Salaquarda* (Darmstadt: WBG, 1980), S. 155; vgl. auch das Kapitel *Dionysos et Ariane* bei: Stiegler, Barbara, *Nietzsche et la critique de la chair. Dionysos, Ariane, le Christ* (Paris: Presses Universitaires de France, 2005).

205 Podach, Erich F., „Nietzsches Ariadne. Ein Blick in Notizbücher Nietzsches. Eine schaffensanalytische Studie", S. 154.

206 In der Krankenakte der Großherzoglich sächsischen Landes-Irren-Heilanstalt Jena, vermerkt am 27. März 1889. Abgedruckt in: Ross, Werner, *Der ängstliche Adler. Friedrich Nietzsches Leben* (München: DTV, 1994), S. 791. Vgl. auch: Köhler, *Friedrich Nietzsche und Cosima Wagner*, S. 195.

207 Kerényi, Karl, *Die Götter- und Menschheitsgeschichten* (Darmstadt: WBG, 1951), S. 262 f.

208 Nietzsche, Friedrich, *Werke und Briefe in drei Bänden. Hrsg. von Karl Schlechta* (München: Hanser, 1954), Bd. 3, S. 1350.

209 Podach, Erich F., *Friedrich Nietzsches Werk des Zusammenbruchs* (Heidelberg: Rothe, 1961), S. 166; Montinari, Mazzino, *Nietzsche lesen* (Berlin/New York: de Gruyter, 1982), S. 140.

210 Köhler, *Friedrich Nietzsche und Cosima Wagner*, S. 191.

211 Janz, Curt Paul, *Friedrich Nietzsche. Biographie. Die Jahre des Siechtums. Dokumente, Quellen und Register. Dritter Band*, 2. Aufl. (München/Wien: Hanser, 1993), S. 31.

212 Nigg, Walter, *Religiöse Denker. Kierkegaard, Dostojewski, Nietzsche, van Gogh.* (Bern: Paul Haupt Verlag, 1942), S. 377 ff.

213 Schulte, Günter, *Ecce Nietzsche: eine Werkinterpretation* (Frankfurt/New York: Campus, 1995), S. 10.

214 Vgl. Cohn, Ruth C., *Von der Psychoanalyse zur themenzentrierten Interaktion. Von der Behandlung einzelner zu einer Pädagogik für alle* (Stuttgart: Klett-Cotta, 1975).

215 Steiner, *Aus dem mitteleuropäischen Geistesleben*, GA 65, Vortrag vom 23. März 1916, S. 532.

216 Burkert, Walter, *Antike Mysterien. Funktionen und Gehalt* (München, 1990), S. 96.

217 Ebd., S. 59.

218 Teichmann, Frank, *Die griechischen Mysterien* (Stuttgart: Freies Geistesleben, 2007). Siehe dazu das ganze Buch und S. 9 f.

219 Steiner, Rudolf, *Wie erlangt man Erkenntnisse der höheren Welten?*, GA 10, 22. Aufl. (Dornach/Schweiz: Rudolf Steiner Verlag, 1961).

220 Vgl. Saxl, Fritz, *Mithras. Typengeschichtliche Untersuchungen.* Bd. 9 (Keller, 1931); Klibansky, Raymond/Panofsky, Erwin/Saxl, Fritz, *Saturn und Melancholie. Studien zur Geschichte der Naturphilosophie und Medizin, der Religion und der Kunst* (Frankfurt/Main, 1992).

221 Schuré, *Die Heiligtümer des Orients.*

222 Apuleius, Lucius, *Der goldene Esel* (Übersetzung von August Rode), (Wiesbaden: Matrix, 2009), S. 249.

223 Vgl. Burkert, Walter, „Jenseits des Olymp. Mysterienkulte in der griechischen Religion", in: *Imperium der Götter. Isis – Mithras – Christus. Kulte und Religionen im römischen Reich. Hrsg. vom Badischen Landesmuseum Karlsruhe* (Karlsruhe: Konrad Theiss Verlag, 2013), S. 53.

224 Weiher, Anton, *Homerische Hymnen (Tuskulum-Ausgabe)* (München: Heimeran, 1961).

225 Zit. n.: Kerényi, *Die Mysterien von Eleusis*, S. 29.

226 Zit. n.: Ebd., S. 26 f.

227 Schelling, Friedrich Wilhelm Joseph, *Über die Gottheiten von Samothrake* (Stuttgart: Cotta, 1815).

228 Apollonius von Rhodos, *Die Fahrt der Argonauten. Griechisch/Deutsch. Übersetzt und kommentiert von Paul Dräger* (Stuttgart: Reclam, 2002); Ausführlich zu Samothrake bei: Ehrhardt, Hartmut, *Samothrake. Heiligtümer in ihrer Landschaft und Geschichte als Zeugen antiken Geisteslebens* (Stuttgart: Urachhaus, 1985); Teichmann, *Die griechischen Mysterien*, S. 227–265.

229 Diels, Hermann, *Herakleitos von Ephesos* (Berlin: Weidmann, 1909), S. VII.

230 Vgl. dazu auch: Teichmann, *Die griechischen Mysterien*, S. 70–144; Wulf, Berthold, *Athen und Ephesus. Von der Geburt des Christentums und der Seele Griechenlands*, 2. Aufl. (Freiburg i. Br.: Die Kommenden, 1978).

231 Vgl. Schlesier, Renate, „Dionysos als Ekstasegott", in: *Dionysos. Verwandlung und Ekstase* (Berlin: Schnell & Steiner, 2008), S. 29–41; Cancik, Hubert (Hrsg.), *Rausch – Ekstase – Mystik. Grenzformen religiöser Erfahrung* (Düsseldorf: Patmos, 1978).

232 Texte der meisten bekannten Goldblättchen (aus Pelinna) bei: Riedweg, Christoph, „Initiation-Tod-Unterwelt: Beobachtungen zur Kommunikationssituation und narrativen Technik der orphisch-bakchischen Goldblättchen", in: Fritz Graf (Hrsg.), *Ansichten griechischer Rituale. Geburtstagssymposium für Walter Burkert* (Stuttgart/Leipzig, 1998), S. 359–398; Textzeugnisse S. 392-398; hier S. 392.

233 Vgl. Burkert, „Jenseits des Olymp. Mysterienkulte in der griechischen Religion", S. 62.

234 Kerényi, Karl, *Dionysos: Urbild des unzerstörbaren Lebens* (Stuttgart: Klett-Cotta, 1994).

235 Steiner, Rudolf, *Die Welträtsel und die Anthroposophie*, GA 54 (Dornach/Schweiz: Rudolf Steiner Verlag, 1966), a.a.O. S. 344 f.

236 Ebd., GA 54, S. 346.

237 Ebd., GA 54, S. 347–349.

238 Ebd., GA 54, S. 354.

239 Ebd., GA 54, S. 350 f.

240 Vgl. Floride, Athys, „Die Auseinandersetzung mit dem Bösen im Jahrhundertende und die Hilfe des ätherischen Christus.", in: *Wege zur Christuserfahrung. hrsg. von Thomas Stöckli*, Bd. 3, Das ätherische Christuswirken. Eine geisteswissenschaftliche Aufgabenstellung (Dornach/Schweiz: Verlag am Goetheanum, 1991), S. 125–172; Floride, Athys, *Die spirituelle Verwandlung der Liebeskräfte als Voraussetzung zur Weltverjüngung im Sinne von Novalis* (Ch. Möllmann, 2011); Meyer, Andreas, *Die letzten Templer, Bd. II: Geisteswissenschaftliche Forschungen und Hintergründe zur Entstehung, Vernichtung und Fortentwicklung des Templerimpulses* (Basel: IL-Verlag, 2014), Kapitel: Der Schulungs- und Einweihungsweg der Templer, S. 50-74.

241 Steiner, *Wo und wie findet man den Geist?*, GA 57, Vortrag vom 20. März 1909, S. 361.

242 Steiner, *Die Welträtsel und die Anthroposophie*, GA 54, Vortrag vom 1. März 1906, S. 341.

243 Schmidt, *Kommentar zu Nietzsches „Die Geburt der Tragödie"*, S. 22.

244 Steiner, Rudolf, *Anthroposophie, ihre Erkenntniswurzeln und Lebensfrüchte*, 3. Aufl., GA 78 (Dornach/Schweiz: Rudolf Steiner Verlag, 1986), Vortrag vom 1. September 1921, S. 67 f.

245 Steiner, *Ursprung und Ziel des Menschen*, GA 53, Vortrag vom 1. Dezember 1904, S. 177.

246 Vgl. dazu: Schulz, Manuela Helga, *Metaphysische Rebellen. Themengeschichtliche Studien zu Goethe, Byron und Nietzsche* (Würzburg: Königshausen & Neumann, 2010).

247 Ivanov, „Nietzsche und Dionysos", S. 258 f.

248 Steiner, *Wo und wie findet man den Geist?*, GA 57, Vortrag vom 20. März 1909, S. 364 f.

249 Steiner, *Ursprung und Ziel des Menschen*, GA 53, S. 173 f.; vgl. auch: Steiner, Rudolf, *Über Philosophie, Geschichte und Literatur*, GA 51 (Dornach/Schweiz: Rudolf Steiner Verlag, 1983), Vortrag vom 25. Februar 1905 in Berlin über „Schillers spätere Dramen", S. 255 f.

250 Steiner, *Ursprung und Ziel des Menschen*, GA 53, S. 181.

251 Steiner, *Mein Lebensgang*, GA 28, S. 193.
252 Rhode, Erwin, *Psyche: Seelencult und Unsterblichkeitsglaube der Griechen* (Darmstadt: WBG, 1974), S. 20.
253 Steiner, *Die Welträtsel und die Anthroposophie*, GA 54, S. 341.
254 Steiner, Rudolf, *Die Beantwortung von Welt- und Lebensfragen durch die Anthroposophie*, GA 108, 2. Aufl. (Dornach/Schweiz: Rudolf Steiner Verlag, 1986), Vortrag vom 10. Juni 1908, S. 288 f.
255 Steiner, *Ursprung und Ziel des Menschen*, GA 53, S. 169 f.
256 Steiner, *Anthroposophie, ihre Erkenntniswurzeln und Lebensfrüchte*, GA 78, Vortrag vom 31. August 1921, S. 52.
257 Ebd., GA 78, Vortrag vom 31. August 1921, S. 62.
258 Ebd., GA 78, a. a. O. S. 53.
259 Gemeint ist die Ansicht, dass bestimmte theologische und philosophische Annahmen, welche die Existenz oder Nichtexistenz Gottes oder des Geistes betreffen, entweder ungeklärt oder grundsätzlich nicht zu klären sind.
260 Steiner, *Anthroposophie, ihre Erkenntniswurzeln und Lebensfrüchte*, GA 78, Vortrag vom 31. August 1921, S. 54.
261 Schelling, *Philosophie der Offenbarung*, 2. Teil, in: Schelling, Friedrich Wilhelm Joseph, *Sämmtliche Werke. 14 Bde. Hrsg. u. eingeleitet von Karl Friedrich August Schelling* (Stuttgart und Augsburg, 1856), Neudruck, Darmstadt 1966-1968, Bd. 2, S. 25.
262 Steiner, *Die Philosophie der Freiheit.*
263 Schmidt, *Kommentar zu Nietzsches „Die Geburt der Tragödie."*
264 Steiner, *Wo und wie findet man den Geist?*, GA 57, Vortrag vom 20. März 1909, S. 367; Vgl. auch: Steiner, Rudolf, *Bausteine zu einer Erkenntnis des Mysteriums von Golgatha*, GA 175, 3. Aufl. (Dornach/Schweiz: Rudolf Steiner Verlag, 1996), S. 349.
265 Sommer, Andreas Urs, „Philosophie als Wagnis. Festrede aus Anlass der Verleihung des Friedrich-Nietzsche-Preises des Landes Sachsen-Anhalt am 13. Oktober 2012", in *Nietzscheforschung. Jahrbuch der Nietzsche-Gesellschaft. Wirklich. Wirklichkeit. Wirklichkeiten. Nietzsche über „wahre" und „scheinbare" Welten. Hrsg. v. Renate Reschke*, Bd. 20 (Berlin: Akademie Verlag, 2012), S. 27.
266 Ivanov, „Nietzsche und Dionysos", S. 250.
267 Figal, „Nietzsches Dionysos", in: *Nietzsche Studien*, Bd. 37, 2008, S. 52.
268 Meyer, Andreas (Hrsg.), *Seele und Geist. Ansätze zu einer spirituellen Seelentherapie* (Flensburg: Flensburger Hefte Verlag, 1993).
269 Motto zu: Reich, Wilhelm, *Die Entdeckung des Orgons I. Die Funktion des Orgasmus* (Frankfurt/Main: Fischer, 1985), sowie im Bd. II: *Der Krebs.*
270 Sommer, „Philosophie als Wagnis", S. 27.
271 Steiner, *Die Philosophie der Freiheit*, GA 4, Kapitel VIII., Zusatz zur Neuauflage 1918, S. 114.

272 Zit. n.: Andreas-Salomé, Lou, *Friedrich Nietzsche in seinen Werken*, 3. Aufl. (Dresden, 1924), S. 34.

273 Zit. n.: Stroux, Johannes, *Nietzsches Professur in Basel* (Jena, 1925), S. 32 f.; vgl. Montinari, Mazzino, *Friedrich Nietzsche: Eine Einführung*, S. 48; vgl. Werner Stegmaier, Nietzsches Theologie. Perspektiven für Gott, Glaube und Gerechtigkeit, in: Mourkojannis, Daniel/Schmidt-Grépály, Rüdiger (Hrsg.), *Nietzsche im Christentum. Theologische Perspektiven nach Nietzsches Proklamation des Todes Gottes* (Basel: Schwabe, 2004), S. 1–21.

274 Vgl. Werner Stegmaier, Nietzsches Theologie. Perspektiven für Gott, Glaube und Gerechtigkeit, in: Mourkojannis, Daniel/Schmidt-Grépály, Rüdiger (Hrsg.), *Nietzsche im Christentum. Theologische Perspektiven nach Nietzsches Proklamation des Todes Gottes*, S. 1–21.

275 Diese Auffassung vertritt auch Barbara Stiegler, wenn sie formuliert: „Wohl unter dem Einfluss der Mysterien von Eleusis wendet sich Johannes in eine Richtung, die letztlich die ursprüngliche apollinische Mäßigung des dionysischen Triebes verneint." Auch Paulus gewinnt eine neue Bedeutung und machte, so Stiegler, den Versuch, das dionysische Christentum mit dem apollinischen Element auszusöhnen. Stiegler, Barbara, *Nietzsche et la critique de la chair. Dionysos, Ariane, le Christ*, S. 297 f. u. 364.

276 Zusatz zur Neuauflage 1918, am Ende des VIII. Kapitels von: Steiner, *Die Philosophie der Freiheit*, S. 113

277 Der Untertitel der *Philosophie der Freiheit* lautet: *Seelische Beobachtungsresultate nach naturwissenschaftlicher Methode.*

Literaturverzeichnis

Adler, Alfred. *Der nervöse Charakter. Grundzüge einer vergleichenden Individualpsychologie und Psychotherapie.* Wiesbaden: Bergmann, 1912.

Andreas-Salomé, Lou. *Friedrich Nietzsche in seinen Werken.* 3. Aufl. Dresden, 1924.

Antonovsky, Aaron. *Salutogenese. Zur Entmystifizierung der Gesundheit.* Tübingen: dgvt-Verlag, 1997.

Apollonius von Rhodos. *Die Fahrt der Argonauten. Griechisch/Deutsch. Übersetzt und kommentiert von Paul Dräger.* Stuttgart: Reclam, 2002.

Apuleius, Lucius. *Der goldene Esel* (übers. v. August Rode). Wiesbaden: Matrix, 2009.

Aschheim, Steven E. *Nietzsche und die Deutschen.* Stuttgart: Metzler, 2000.

Babich, Babette E. „Nietzsches Ursprung der Tragödie als Musik. Lyrik – Rhetorik – Skulptur." In: *Nietzscheforschung. Jahrbuch der Nietzsche-Gesellschaft*, 13, S. 221–238. Berlin: Akademie Verlag, 2005.

Badisches Landesmuseum Karlsruhe (Hrsg.). *Imperium der Götter. Isis – Mithras – Christus. Kulte und Religionen im römischen Reich.* Karlsruhe: Konrad Theiss Verlag, 2013.

Baeumer, Max L. „Das moderne Phänomen des Dionysischen und seine ‚Entdeckung' durch Nietzsche." In: *Nietzsche Studien 6*, S. 123–153, 1977.

Baeumer, Max L. *Dionysos und das Dionysische in der antiken und deutschen Literatur.* Darmstadt: WBG, 2006.

Barbera, E. „Das Apollinische und das Dionysische. Einige nichtantike Quellen bei Nietzsche." In: *Nietzsche und die antike Philosophie. Hrsg. von D. W. Conway und R. Rehn*, S. 131–152. Trier, 1922.

Baum, Manfred. „Hermeneutik bei Nietzsche". In: *Beatrix Himmelmann (Hrsg.), Kant und Nietzsche im Widerstreit*, S. 16–28. Berlin/New York: de Gruyter, 2005.

Beck, Friedrich/Henning, Eckart (Hrsg.). *Die archivalischen Quellen. Mit einer Einführung in die Historischen Hilfswissenschaften.* 5. Aufl. Böhlau/Köln: Uni-Taschenbücher, 2012.

Behler, E. „Die Auffassung des Dionysischen durch die Brüder Schlegel und Friedrich Nietzsche." In: *Nietzsche Studien 12*, S. 335–354, 1983.

Benn, Gottfried. *Gesammelte Werke.* Bd. 2. Frankfurt (Main), 2004.

Benn, Gottfried. „Nietzsche nach 50 Jahren (1950)." In: *Nietzsche und die deutsche Literatur, Bd. 1, Texte zur Nietzsche-Rezeption 1873-1963.* Tübingen: DTV, 1978.

Benne, Christian. *Nietzsche und die historisch-kritische Philologie.* Berlin: de Gruyter, 2005.

Bernheim, Ernst. *Einleitung in die Geschichtswissenschaft.* 3. Aufl. Berlin/Leipzig: de Gruyter, 1926.

Bierl, Anton. „Der vielnamige Dionysos. Wesen und Funktion des Gottes im Spiegel seiner Beinamen." In: *Dionysos. Rausch und Ekstase, Hrsg. vom Bucerius Kunst Forum und den Staatlichen Kunstsammlungen Dresden.* Hamburg/Dresden: Hirmer, 2013.

Bishop, Paul. *The Dionysian Self: C.G. Jung's Reception of Friedrich Nietzsche.* Berlin/ New York: de Gruyter, 1995.

Borchardt, Rudolf. *Bacchische Epiphanie, hrsg. u. mit Nachwort von Bernhard Fischer.* München: Fischer, 1992.

Borchmeyer, Dieter/Salaquarda, Jörg (Hrsg.). *Nietzsche und Wagner. Stationen einer epochalen Begegnung.* Frankfurt (Main): Insel-Verlag, 1994.

Bremer, Dieter. „Vom Mythos zum Musikdrama. Wagner, Nietzsche und die griechische Tragödie." In: *Borchmeyer, Dieter (Hrsg.): Wege des Mythos in der Moderne,* S. 41–63. München: DTV, 1987.

Bremmer, Jan. *Götter, Mythen und Heiligtümer im antiken Griechenland.* Berlin: Ullstein, 1998.

Bruse, Klaus Detlev. „Die griechische Tragödie als ‚Gesamtkunstwerk' – Anmerkungen zu den musikästhetischen Reflexionen des frühen Nietzsche." In: *Nietzsche-Studien 13,* S. 156–176, 1984.

Brusotti, Marco/Heit, Helmut. „Nietzsches Philosophie des Geistes. Einleitung." In: *Nietzscheforschung. Jahrbuch der Nietzsche-Gesellschaft. Wirklich. Wirklichkeit. Wirklichkeiten. Nietzsche über „wahre" und „scheinbare" Welten. Hrsg. v. Renate Reschke,* S. 231–234. Berlin: Akademie Verlag, 2012.

Burck, Erich. *Das Geschichtswerk des Titus Livius.* Heidelberg: Winter, 1992.

Burger, Martin. *Der Entlarver hinter der Maske : die Sprache der Seele in der Philosophie Friedrich Nietzsches.* Nürnberg: Walther (Erstveröffentlichung in: PSYCHOLOGIE HEUTE, Teil 1: Der Entlarver hinter der Maske. Die Sprache der Seele in der Philosophie Nietzsches, PH-Heft 9/2000. Teil 2: Demaskierung des Entlarvers? Sinn und Unsinn „tiefenpsychologischer" Deutungen der Philosophie Nietzsches, PH Heft 10/2000, 2011.

Burkert, Walter. *Antike Mysterien. Funktionen und Gehalt.* München, 1990.

Burkert, Walter. *Die Griechen und der Orient.* München, 2004.

Burkert, Walter. *Griechische Religion der archaischen und klassischen Epoche.* Bd. 15. 2. Aufl. Die Religionen der Menschheit. Stuttgart: Kohlhammer, 2010.

Burkert, Walter. *Homo Necans. Interpretationen altgriechischer Opferriten und Mythen.* 2. Aufl. Berlin, 1997.

Burkert, Walter. „Jenseits des Olymp. Mysterienkulte in der griechischen Religion." In: *Imperium der Götter. Isis – Mithras – Christus. Kulte und Religionen im römischen*

Reich. Hrsg. vom Badischen Landesmuseum Karlsruhe, S. 53–63. Karlsruhe: Konrad Theiss Verlag, 2013.

Cancik, Hubert. *Nietzsches Antike. Vorlesung.* Weimar: Metzler, 1995.

Cancik, Hubert (Hrsg.). *Rausch – Ekstase – Mystik. Grenzformen religiöser Erfahrung.* Düsseldorf: Patmos, 1978.

Caysa, Volker/Schwarzwald, Konstanze (Hrsg.). *Nietzsche – Macht – Größe.* Berlin/Boston: de Gruyter, 2012.

Cohn, Ruth C. *Von der Psychoanalyse zur themenzentrierten Interaktion. Von der Behandlung einzelner zu einer Pädagogik für alle.* Stuttgart: Klett-Cotta, 1975.

Conway, Daniel W./Rehn, Rudolf (Hrsg.). *Nietzsche und die antike Philosophie.* Trier: WVT, 1922.

Dahlhaus, Carl. *Die Idee der absoluten Musik.* Kassel: Bärenreiter, 1987.

Detienne, Marcel. *Dionysos. Göttliche Wildheit.* Frankfurt a. M./New York/Paris: Edition Pandora, 1992.

Diels, Hermann. *Herakleitos von Ephesos.* Berlin: Weidmann, 1909.

Dietzsch, Steffen. „Karl Joëls Nietzsche und die Romantik neu gelesen." In: *Nietzscheforschung. Jahrbuch der Nietzsche-Gesellschaft*, 11, S. 13–27. Berlin: Akademie Verlag, 2004.

Dilthey, Wilhelm. *Gesammelte Schriften.* Bd. 7: *Der Aufbau der geschichtlichen Welt in den Geisteswissenschaften.* Göttingen: Vandenhoeck & Ruprecht, 2006.

Diodoros. *Griechische Weltgeschichte (Buch 1-40).* Bibliothek der griechischen Literatur. Stuttgart: Hiersemann, 1992.

Dixon, Patricia. *Nietzsche and Jung: Sailing a Deeper Night.* Lang, 1999.

Dreßler, Roland/Schmidt, Hermann Josef/Wagner, Rainer. *Spurensuche – Die Lebensstationen Friedrich Nietzsches.* Erfurt: Verlagshaus Thüringen, 1994.

Driever, Ralph. *Ästhetik und Artistik – Untersuchungen zum Kunstbegriff Friedrich Nietzsches (Inaugural-Dissertation Phil., Ruhr-Universität Bochum).* Bochum: Selbstverlag, 1986.

Ebener, Dietrich (Übers. u. Hrsg.). *Nonnos. Werke in zwei Bänden.* Berlin/Weimar: Aufbau-Verlag, 1985.

Eger, Manfred. *Nietzsches Bayreuther Passion.* Freiburg, 2001.

Ehrhardt, Hartmut. *Samothrake. Heiligtümer in ihrer Landschaft und Geschichte als Zeugen antiken Geisteslebens.* Stuttgart: Urachhaus, 1985.

Ellenberger, Henry F. *Die Entdeckung des Unbewußten: Geschichte und Entwicklung der dynamischen Psychiatrie von den Anfängen bis zu Janet, Freud, Adler und Jung.* Bern: Diogenes, 2011.

Euripides. *Die Bakchen.* Stuttgart: Reclam, 1968.

Fischer, Kurt Rudolf. „Nietzsche, Freud und die Humanistische Psychologie". In: *Nietzsche Studien*, 10/11, S. 482–517. Berlin/New York: de Gruyter, 1982.

Figal, Günter (Hrsg.). *Hans-Georg Gadamer. Wahrheit und Methode*. Berlin: Akademie Verlag, 2007.

Figal, Günter. „Nietzsches Dionysos." In: *Nietzsche Studien*, 37, S. 51–60, 2008.

Figl, Johann. „Dionysos und der Gekreuzigte. Nietzsches Identifikation und Konfrontation mit zentralen religiösen Figuren." In: *Nietzscheforschung. Jahrbuch der Nietzsche-Gesellschaft*, 9, S. 147–161. Berlin: Akademie Verlag, 2002.

Figl, Johann. „Nietzsche und die philosophische Hermeneutik des 20. Jahrhunderts". In: *Nietzsche Studien*, 10/11, S. 408–417. Berlin/New York: de Gruyter, 1981.

Filser, Bruno. *Die Ästhetik Nietzsches in der „Geburt der Tragödie."* München, 1917.

Floride, Athys. „Die Auseinandersetzung mit dem Bösen im Jahrhundertende und die Hilfe des ätherischen Christus." In: *Wege zur Christuserfahrung. Hrsg. von Thomas Stöckli*, 3, S. 125–172. Das ätherische Christuswirken. Eine geisteswissenschaftliche Aufgabenstellung. Dornach/Schweiz: Verlag am Goetheanum, 1991.

Floride, Athys. *Die spirituelle Verwandlung der Liebeskräfte als Voraussetzung zur Weltverjüngung im Sinne von Novalis*. Ch. Möllmann, 2011.

Frankl, Viktor. *Ärztliche Seelsorge. Grundlagen der Logotherapie und Existenzanalyse*. Frankfurt (Main): Fischer, 1997.

Frankl, Viktor. *Der Mensch auf der Suche nach Sinn. Zur Rehumanisierung der Psychotherapie*. Freiburg: Herder, 1976.

Frankl, Viktor. *Der Mensch vor der Frage nach dem Sinn. Eine Auswahl aus dem Gesamtwerk*. 19. Aufl. München: Piper, 2006.

Frankl, Viktor. *Der unbewußte Gott: Psychotherapie und Religion*. 8. Aufl. München: DTV, 2006.

Freud, Ernst L.(Hrsg.). *Sigmund Freud/Arnold Zweig: Briefwechsel*. Frankfurt (Main): Fischer, 1969.

Freud, Sigmund. *Gesammelte Werke, hrsg. von Anna Freud*. Bd. 18. Frankfurt (Main), 1968.

Freud, Sigmund. *Zur Psychopathologie des Alltagslebens*. 3. Aufl. Berlin, 1910.

Freud, Sigmund. *Zur Psychopathologie des Alltagslebens: Über Vergessen, Versprechen, Vergreifen, Aberglaube und Irrtum*. Bremen: Fischer, 2012.

Frick, Eckhardt. *Psychosomatische Anthropologie. Ein Lehr- und Arbeitsbuch für Unterricht und Studium. Unter Mitarbeit von Harald Gündel*. Stuttgart: Kohlhammer, 2009.

Gasser, Reinhard. *Nietzsche und Freud*. Berlin/New York: de Gruyter, 1997.

Gentili, Carlo. „Die radikale Hermeneutik Friedrich Nietzsches." In: *Nietzscheforschung. Jahrbuch der Nietzsche-Gesellschaft*, 8, S. 333–338. Berlin: Akademie Verlag, 2001.

Georgiades, Thrasybulos. *Musik und Rhythmus bei den Griechen: Zum Ursprung der abendländischen Musik*. Hamburg: Rowohlt, 1958.

Gerhardt, Volker. *Friedrich Nietzsche*. 4. Aufl. München: Beck, 2006.

Gerhardt, Volker. „Nietzsches Alter-Ego. Über die Wiederkehr des Sokrates." In: *Nietzscheforschung. Jahrbuch der Nietzsche-Gesellschaft*, 8, S. 315–332. Berlin: Akademie Verlag, 2001.

Gerhardt, Volker. *Pathos und Distanz. Studien zur Philosophie Friedrich Nietzsches*. Stuttgart: Reclam, 1988.

Gödde, Günter. *Traditionslinien des Unbewußten. Schopenhauer, Nietzsche, Freud*. Tübingen: edition diskord, 1999.

Goethe, Johann Wolfgang. *Naturwissenschaftliche Schriften Bd. I bis V. Mit Einleitungen und Erläuterungen im Text, hrsg. von Rudolf Steiner (Nachdruck der Erstauflage in „Deutsche National-Literatur") 1883-1897*. Dornach/Schweiz: Rudolf Steiner Verlag, 1982.

Graf, Fritz. *Ansichten griechischer Rituale. Geburtstagssymposium für Walter Burckert*. Stuttgart/Leipzig: de Gruyter, 1998.

Griesser, Luitpold. *Nietzsche und Wagner – Neue Beiträge zur Geschichte und Psychologie ihrer Freundschaft*. Hamburg: Severus, 2010.

Gründer, Karlfried (Hrsg.). *Der Streit um Nietzsches „Geburt der Tragödie." Die Schriften von E. Rohde, R. Wagner, U.v. Wilamowitz-Möllendorff*. Hildesheim: Olms, 1969.

Gsänger, Hans. *Eleusis*. Freiburg: Verlag Die Kommenden, 1961.

Habermas, Jürgen. *Erkenntnis und Interesse*. Frankfurt (Main): Suhrkamp, 1973.

Habicht, Christian. *Pausanias und seine „Beschreibung Griechenlands."* München: Beck, 1985.

Heidegger, Martin. *Nietzsche, 2 Bde*. 7. Aufl. Stuttgart: Klett-Cotta, 1961.

Heidegger, Martin. *Sein und Zeit*. Berlin: Akademie Verlag, 2007.

Henrichs, Albert. *Der rasende Gott: Zur Psychologie des Dionysos und des Dionysischen in Mythos und Literatur*. Berlin/New York: de Gruyter, 1994.

Henrichs, Albert. „Loss of Self, Suffering, Violence: The Modern View of Dionysos from Nietzsche to Girard." In *Havard Studies in Classical Philology 88, hrsg. von D. R. Shackleton Bailey*, 219–233. Harvard University Press, 1984.

Heuß, Alfred. „Überrest und Tradition. Zur Phänomenologie der historischen Quellen". *Archiv für Kulturgeschichte 25*, S. 134–183, 1934.

Heym, Georg. *Dichtungen und Schriften, hrsg. von K.L. Schneider*. Hamburg, Darmstadt: WBG, 1960.

Himmelmann, Beatrix (Hrsg.). *Kant und Nietzsche im Widerstreit*. Berlin/New York: de Gruyter, 2005.

Hoffmann, David M. *Zur Geschichte des Nietzsche-Archivs (Supplementa Nietzscheana: Elisabeth Förster-Nietzsche, Fritz Kögel, Rudolf Steiner, Gustav Naumann, Josef Hofmiller. Chronik, Studien und Dokumente)*. Bd. 1. de Gruyter, 2011.

Hölderlin, Friedrich. *Sämtliche Werke und Briefe, hrsg. von Michael Knaupp*. Bd. 1. München, 1992.

Honneth, Andreas. *Das Paradox des Augenblicks. „Zarathustra's Vorrede" und Nietzsches Theorem der „ewigen Wiederkunft des Gleichen"*. Würzburg: Königshausen & Neumann, 2004.

Hufnagel, Erwin. „Dionysos: Metaphysik, Mythos und Moderne." In: *Nietzscheforschung. Jahrbuch der Nietzsche-Gesellschaft*, 9, S. 163–188. Berlin: Akademie Verlag, 2002.

Huskinson, Lucy. *Nietzsche and Jung: the Whole Self in the Union of Opposites*. Brunner-Routledge, 2004.

Ivanov, Vjačeslav. „Nietzsche und Dionysos." In: *Nietzscheforschung. Jahrbuch der Nietzsche-Gesellschaft*, 12, S. 249–260. Berlin: Akademie Verlag, 2005.

Ivanov,Vjačeslav. *Dyonisos und die vordionysischen Kulte, Hrsg. Michael Wachtel und Christian Wildberg*. Tübingen: Mohr Siebeck UTB, 2012.

Jaffe, Aniela. *Erinnerungen, Träume, Gedanken von C. G. Jung*. 13. Aufl. Zürich und Düsseldorf: Walter, 2003.

Janz, Curt Paul. *Friedrich Nietzsche. Biographie. Die Jahre des Siechtums. Dokumente, Quellen und Register. Dritter Band*. 2. Aufl. München/Wien: Hanser, 1993.

Jarrett, James L. *Jung's Seminar on Nietzsche's Zarathustra*. 2 Bde.. Princeton, NJ: Abridget Edition, 1988.

Jarrett, James L. *Nietzsche's Zarathustra: Notes of the Seminar given in 1934-1939. Two Volumes C. G. Jung*. Princeton University Press, 1988.

Jaspers, Karl. *Allgemeine Psychopathologie*. 9. Aufl. Berlin/Heidelberg/New York: Springer, 1973.

Jaspers, Karl. „Die Frage nach der Wahrheit bei Nietzsche." In *100 Jahre philosophische Nietzsche-Rezeption. Hrsg. von Alfredo Guzzoni*. Frankfurt (Main), 1991.

Jaspers, Karl. *Nietzsche und das Christentum*. Hameln, 1946.

Jaspers, Karl. *Nietzsche. Einführung in das Verständnis seines Philosophierens*. Berlin: Springer, 1936.

Jaspers, Karl. *Vernunft und Existenz. Fünf Vorlesungen, gehalten vom 25. bis 29. März 1935 an der Universität Groningen (Holland).* Groningen: Wolters, 1935.

Jones, Ernest. *Das Leben und Werk von Sigmund Freud,* 3 Bde. Bern: Huber, 1960.

Jung, Carl Gustav. *Briefe.* Gesammelte Werke, Bd. 3. Zürich, 1960.

Jung, Carl Gustav. *Kryptomnesie.* GW 1. Olten: Walter, 1972.

Jung, Carl Gustav. *Zwei Schriften über Analytische Psychologie.* 3. Aufl. GW 7. Düsseldorf: Patmos, 1981.

Kaufmann, Walter. *Nietzsche, Philosoph – Psychologe – Antichrist.* Darmstadt: WBG, 1982.

Kazantzakis, Nikos. *Alexis Sorbas.* Hamburg: Rowohlt, 1955.

Kazantzakis, Nikos. *Rechenschaft vor El Greco.* Berlin: Herbig, 1978.

Kerényi, Karl. *Die Götter- und Menschheitsgeschichten.* Darmstadt: WBG, 1951.

Kerényi, Karl. *Die Mysterien von Eleusis.* Zürich: Rhein-Verlag, 1962.

Kerényi, Karl. *Dionysos: Urbild des unzerstörbaren Lebens.* Stuttgart: Klett-Cotta, 1994.

Keydell, Rudolf (Hrsg.). *Nonni Panopolitani Dionysiaca.* Berlin: Weidmann, 1959.

Klibansky, Raymond/Panofsky, Erwin/Saxl, Fritz. *Saturn und Melancholie. Studien zur Geschichte der Naturphilosophie und Medizin, der Religion und der Kunst.* Frankfurt (Main), 1992.

Klopstock, Thomas. „Friedrich Nietzsche und seine Krankheiten: kein ausreichender Anhalt für MELAS". In: *Nietzsche Studien,* 42, S. 293–297. Berlin/New York: de Gruyter, 2013.

Knebel, Kristin. *Goethe als Sammler figürlicher Bronzen. Sammlungsgeschichte und Bestandskatalog.* Leipzig, 2009.

Köhler, Joachim. *Friedrich Nietzsche und Cosima Wagner. Die Schule der Unterwerfung.* Rowohlt, 1999.

Koszka, C. *Friedrich Nietzsche (1844-1900): a classical case of mitochondrial encephalomyopathy with lactic acidosis and stroke-like episodes (MELAS) syndrome?* PubMed, 2009.

Kraemer, R. S. *Ecstasy and Possession. The Attraction of Woman to the Cult of Dionysos.* Havard Theological Review 72, 1979.

Kreis, Rudolf. *Der gekreuzigte Dionysos. Kindheit und Genie Friedrich Nietzsches. Zur Genese einer Philosophie der Zeitenwende.* Würzburg: Königshausen & Neumann, 1986.

Krummel, Richard Frank. *Nietzsche und der deutsche Geist. 4 Bde.* Berlin: de Gruyter, 1998.

Kühlewind, Georg. *Vom Normalen zum Gesunden. Wege zur Befreiung des erkrankten Bewusstseins.* 5. Aufl. Stuttgart: Freies Geistesleben, 1995.

Land, Thomas. „Zur Autonomie des Geistes in Nietzsches Philosophie." In: *Nietzscheforschung. Jahrbuch der Nietzsche-Gesellschaft. Wirklich. Wirklichkeit. Wirklichkeiten. Nietzsche über „wahre" und „scheinbare" Welten. Hrsg. v. Renate Reschke*, S. 289–300. Berlin: Akademie Verlag, 2012.

Landfester, Manfred. „Nietzsches ‚Geburt der Tragödie': Antihistorismus und Antiklassizismus zwischen Wissenschaft, Kunst und Philosophie." In: *Aurnhammer, Achim/Pittrof, Thomas: „Mehr Dionysos als Apoll": Antiklassizistische Antike-Rezeption um 1900*, S. 89–111. Frankfurt (Main), 2002.

Landfester, Manfred (Hrsg.). *Friedrich Nietzsche. Die Geburt der Tragödie. Schriften zu Literatur und Philosophie der Griechen*. Frankfurt (Main), 1994.

Latacz, Joachim. „Furchtbares Ärgernis. Nietzsches ‚Geburt der Tragödie' und die gräzistische Tragödienforschung." In: *Nietzsche und die Schweiz, hrsg. v. David Marc Hoffmann*. Zürich, 1994.

Lauenstein, Diether. *Die Mysterien von Eleusis*. Stuttgart: Urachhaus, 1987.

Lesmeister, Roman/Metzner, Elke (Hrsg.). *Nietzsche und die Tiefenpsychologie*. Freiburg i. Br.: Alber, 2010.

Liébert, Georges. *Nietzsche and Music (translated by David Pellauer and Graham Parkes)*. Chicago: The University of Chicago Press, 2004.

Liebscher, Martin. „Wotan, und ‚Puer Aeternus'". In: *Nietzsche Studien. Internationales Jahrbuch für die Nietzsche-Forschung. Hrsg. v. Mazzino Montinari*, S. 329–350. Berlin/New York: de Gruyter, 2001.

Lindner, Michael. „‚Ein tiefstes Erlebnis'. C. G. Jungs Lektüre von Nietzsches ‚Also sprach Zarathustra' anhand seiner Seminare von 1934–1939." In: *Nietzsche und die Tiefenpsychologie, hrsg. v. Roman Lesmeister und Elke Metzner*. Freiburg i. Br.: Alber, 2010.

López, Héctor Julio Pérez. „Die doppelte Wahrheit von Nietzsches Tätigkeit 1870-1872. Zur Beziehung griechischer Rhythmik und moderner Musikästhetik im Umkreis der ‚Geburt der Tragödie'." In: *Nietzscheforschung. Eine Jahresschrift*, 2, S. 219–236. Berlin: Akademie Verlag, 1995.

Lossi, Annemaria. *Nietzsche und Platon. Begegnungen auf dem Weg der Umdrehung des Platonismus*. Würzburg: Königshausen & Neumann, 2006.

Loukidelis, Nikolaos. „Die ‚große Vernunft' des Leibes und das ‚Über-sich-hinaus-Schaffen'. Eine Interpretation zur vierten Rede Zarathustras." In: *Nietzsche – Macht – Größe, hrsg. v. Volker Caysa und Konstanze Schwarzwald*, S. 213–224. Berlin/Boston: de Gruyter, 2012.

Loukidelis, Nikolaos. „Zu Nietzsches Begriff vom menschlichen Leben." In *Simon Springmann, Asmus Trautsch (Hrsg.) Was ist Leben? Festgabe für Volker Gerhardt zum 65. Geburtstag.* Berlin, 2009.

Lukas, Elisabeth. *Von der Tiefen- zur Höhenpsychologie. Logotherapie in der Beratungspraxis.* Freiburg: Herder, 1983.

Lypp, Bernhard. „Dionysisch – apollinisch: ein unhaltbarer Gegensatz. Nietzsches ‚Physiologie' der Kunst als Version ‚dionysischen' Philosophierens." In: *Nietzsche Studien*, 13, S. 356–373, 1984.

Mann, Thomas. *Nietzsche's Philosophie im Lichte unserer Erfahrung. In: Essays. Band 3. Schriften über Musik und Philosophie.* Frankfurt (Main): Fischer, 1982.

Mauser, Wolfram/Pietzcker, Carl (Hrsg.). *Literatur und Psychoanalyse: Erinnerungen als Bausteine einer Wissenschaftsgeschichte.* Würzburg: Königshausen & Neumann, 2008.

Meyer, Andreas. *Die letzten Templer. Bd. I: Der Templerorden und der Templerprozess aus Sicht der historischen Forschung; Bd. II: Geisteswissenschaftliche Forschungen und Hintergründe zur Entstehung, Vernichtung und Fortentwicklung des Templerimpulses.* Basel: IL-Verlag, 2014.

Meyer, Andreas (Hrsg.). *Seele und Geist. Ansätze zu einer spirituellen Seelentherapie.* Flensburg: Flensburger Hefte Verlag, 1993.

Meyer, B.F./Sanders, E.P. „Der rasende Gott. Zur Psychologie des Dionysos und des Dionysischen in Mythos und Literatur." In: *Antike und Abendland*, 40, S. 31–58, 1994.

Meyer, Matthew H. „Menschliches, Allzumenschliches und der musiktreibende Sokrates." In: *Nietzscheforschung. Jahrbuch der Nietzsche-Gesellschaft*, 10, S. 129–137. Berlin: Akademie Verlag, 2003.

Meyer, Theo. *Nietzsche und die Kunst.* Stuttgart: UTB, 1993.

Meyer, Theo. *Nietzsche. Kunstauffassung und Lebensbegriff.* Tübingen: Francke, 2000.

Montinari, Mazzino. *Friedrich Nietzsche: Eine Einführung.* Berlin: de Gruyter, 1991.

Montinari, Mazzino. *Nietzsche lesen.* Berlin/New York: de Gruyter, 1982.

Müller, Enrico. *Die Griechen im Denken Nietzsches (Monographien und Texte zur Nietzsche-Forschung).* Berlin/New York: de Gruyter, 2005.

Müller, Karl Ottfried. *Geschichte der griechischen Literatur bis auf das Zeitalter Alexanders, 2 Bde.* 2. Aufl. Breslau, 1857.

Müller, Renate G. „Anmerkungen zu Nietzsches Tragödienproblem. Von der Schulzeit bis zu den Vorarbeiten zur ‚Geburt der Tragödie' unter Berücksichtigung des Verhältnisses zu Wagner." In: *Nietzscheforschung. Eine Jahresschrift*, 2, S. 237–253. Berlin: Akademie Verlag, 1995.

Müller, Renate G. „ ‚Wandrer, wenn du im Griechenland wanderst ...' – Reflexionen zur Bedeutsamkeit von ‚Antike' für den jungen Friedrich Nietzsche." In: *Nietzscheforschung. Eine Jahresschrift*, 1, S. 169–179. Berlin: Akademie Verlag, 1994.

Mourkojannis, Daniel/Schmidt-Grépály, Rüdiger (Hrsg.). *Nietzsche im Christentum. Theologische Perspektiven nach Nietzsches Proklamation des Todes Gottes*. Basel: Schwabe, 2004.

Nietzsche, Friedrich. *Die Geburt der Tragödie*. Stuttgart: Reclam, 1993.

Nietzsche, Friedrich. *Die Kunst der Gesundheit (Hrsg. v. Mirella Carbone und Joachim Jung)*. Freiburg i. Br.: Alber, 2012.

Nietzsche, Friedrich. *Dionysos-Dithyramben (Hrsg. v. Wolfram Groddeck), 2 Bde.* Berlin/New York: de Gruyter, 1991.

Nietzsche, Friedrich. *Kritische Studienausgabe (Hrsg. von Giorgio Colli und Mazzino Montinari)*. München/Berlin/New York: de Gruyter, 1988.

Nietzsche, Friedrich. *Werke und Briefe in drei Bänden. Hrsg. von Karl Schlechta*. München: Hanser, 1954.

Nigg, Walter. *Religiöse Denker. Kierkegaard, Dostojewski, Nietzsche, van Gogh*. Bern: Paul Haupt Verlag, 1942.

Osterkamp, Ernst. „Dionysos unter den Deutschen. Der Weingott in der Literatur seit der Aufklärung." In: *Dionysos. Rausch und Ekstase, Hrsg. vom Bucerius Kunst Forum und den Staatlichen Kunstsammlungen Dresden*. Hamburg/Dresden: Hirmer, 2013.

Otmann, Henning (Hrsg.). *Nietzsche-Handbuch. Leben – Werk – Wirkung*. Stuttgart, Weimar: Metzler, 2000.

Otto, Walter F. *Die Götter Griechenlands. Das Bild des Göttlichen im Spiegel des griechischen Geistes*. 10. Aufl. Frankfurt (Main): Vittorio Klostermann, 2013.

Otto, Walter F. *Dionysos. Mythos und Kultus*. 6. Aufl. Frankfurt (Main): Vittorio Klostermann, 1996.

Petersen, Uwe. *Goethe und Euripides. Untersuchungen zur Euripides-Rezeption in der Goethezeit*. Heidelberg, 1974.

Philipp, Michael. „Herrschaft und Subversion. Die dionysische Bildwelt von der Antike bis zur Gegenwart." In: *Dionysos. Rausch und Ekstase, Hrsg. vom Bucerius Kunst Forum und den Staatlichen Kunstsammlungen Dresden*. Hamburg/Dresden: Hirmer, 2013.

Platon. *Der Staat (Übertr. u. hrsg. v. Karl Vretska)*. Ditzingen: Reclam, 2001.

Podach, Erich F. *Friedrich Nietzsches Werk des Zusammenbruchs*. Heidelberg: Rothe, 1961.

Podach, Erich F. „Nietzsches Ariadne. Ein Blick in Notizbücher Nietzsches. Eine schaffensanalytische Studie." In: *Nietzsche, hrsg. v. Jörg Salaquarda*, S. 153–168. Darmstadt: WBG, 1980.

Preka-Alexandri, Kalliope (Πρέκα-Αλεξανδρή,Καλλιόπη). *Ελευσίς. Υπουργείο Πολιτισμού, Ταμείο Αρχαιολογικών Πόρων και Απαλλοτριώσεων*. Αθήνα, 1991.

Rehn, Rudolf. „Nietzsches Modell der Vorsokratik." In: *Nietzsche und die antike Philosophie. Hrsg. von D. W. Conway und R. Rehn*. Trier, 1922.

Reibnitz, Barbara v. *Ein Kommentar zu Friedrich Nietzsches „Die Geburt der Tragödie aus dem Geiste der Musik."* Stuttgart: Metzler, 1992.

Reich, Wilhelm. *American Odyssey: Letters & Journals, 1940-1947, hrsg. v. Mary Boyd Higgins*. New York: Farrar, Straus and Giroux, 1999.

Reich, Wilhelm. *Christusmord*. Olten und Freiburg, 1978.

Reich, Wilhelm. *Die Entdeckung des Orgons I. Die Funktion des Orgasmus*. Frankfurt (Main): Fischer, 1985.

Rhode, Erwin. *Psyche: Seelencult und Unsterblichkeitsglaube der Griechen*. Darmstadt: WBG, 1974.

Ricoeur, Paul. *Die Interpretation. Ein Versuch über Freud*. Frankfurt (Main): Suhrkamp, 1974.

Ricoeur, Paul. *Hermeneutik und Strukturalismus. Der Konflikt der Interpretationen. Ausgewählte Aufsätze (1960-1969)*. München: Alber, 1973.

Riedel, Volker. „Nietzsche und das Bild einer ‚dionysischen Antike' in der deutschsprachigen Literatur des 20. Jahrhunderts." In: *Nietzscheforschung. Jahrbuch der Nietzsche-Gesellschaft*, 8, S. 63–87. Berlin: Akademie Verlag, 2001.

Riedweg, Christoph. „Initiation-Tod-Unterwelt: Beobachtungen zur Kommunikationssituation und narrativen Technik der orphisch-bakchischen Goldblättchen". In: *Fritz Graf (Hrsg.) Ansichten griechischer Rituale. Geburtstagssymposium für Walter Burkert*, 359–398. Stuttgart/Leipzig, 1998.

Riethmüller, Albrecht/Zaminer, Frieder (Hrsg.). *Die Musik des Altertums*. Bd. 1. Neues Handbuch der Musikwissenschaft. Wiesbaden: Laaber, 1989.

Ritschl, Friedrich. *Opuscula philologica*. 5 Bde., Bd. I. Leipzig: Teubner, 1866.

Ross, Werner. *Der ängstliche Adler. Friedrich Nietzsches Leben*. München: DTV, 1994.

Ross, Werner. *Der wilde Nietzsche oder: Die Rückkehr des Dionysos*. Stuttgart: Deutsche Verlags-Anstalt, 1996.

Safranski, Rüdiger. *Nietzsche, Biographie seines Denkens*. Frankfurt (Main): Fischer, 2002.

Safranski, Rüdiger. *Romantik. Eine deutsche Affäre*. München: Hanser, 2007.

Salaquarda, Jörg. „Noch einmal Ariadne – Die Rolle Cosima Wagners in Nietzsches literarischem Rollenspiel." In: *Nietzsche Studien. Internationales Jahrbuch für die*

Nietzsche-Forschung. Hrsg. v. Mazzino Montinari, 25, S. 99–125. Berlin/New York: de Gruyter, 1996.

Saxl, Fritz. *Mithras. Typengeschichtliche Untersuchungen. Bd. 9.* Keller, 1931.

Schelling, Friedrich Wilhelm Joseph. *Über die Gottheiten von Samothrake.* Stuttgart: Cotta, 1815.

Schelling, Friedrich Wilhelm Joseph. *Sämtliche Werke. 14 Bde. Hrsg. u. eingeleitet von Karl Friedrich August Schelling.* Stuttgart und Augsburg, 1856.

Schlaffer, Heinz. *Das entfesselte Wort. Nietzsches Stil und seine Folgen.* München: Hanser, 2007.

Schlesier, Renate. „Dionysos als Ekstasegott." In: *Dionysos. Verwandlung und Ekstase,* S. 29–41. Berlin: Schnell & Steiner, 2008.

Schlesier, Renate/Schwarzmaier, Agnes (Hrsg.). *Dionysos. Verwandlung und Ekstase.* Berlin: Schnell & Steiner, 2008.

Schmidt, Bertram. *Der ethische Aspekt der Musik: Nietzsches Geburt der Tragödie und die Wiener klassische Musik.* Würzburg: Königshausen & Neumann, 1991.

Schmidt, Herman Josef. „‚stets mein Vorhaben, ein kleines Buch zu schreiben'. Nietzsches Leben und Texte 1844-1864, ein Überblick." In: *Nietzscheforschung. Jahrbuch der Nietzsche-Gesellschaft,* 5/6, S. 325–343. Berlin: Akademie Verlag, 2000.

Schmidt, Herman Josef. „Von ‚Als Kind Gott im Glanze gesehen' zum ‚Christenhass'? Nietzsches früh(st)e weltanschauliche Entwicklung (1844-1864), eine Skizze." In: *Nietzscheforschung. Jahrbuch der Nietzsche-Gesellschaft,* 8, S. 95–118. Berlin: Akademie Verlag, 2001.

Schmidt, Jochen. *Kommentar zu Nietzsches „Die Geburt der Tragödie."* 1/1. Berlin / Boston: de Gruyter, 2012.

Schmidt, Jochen. „Nietzsches Geburt der Tragödie aus dem Geist Schopenhauers und Wagners." In: *Nietzscheforschung,* 18, S. 203–214. Berlin: Akademie Verlag, 2011.

Schmücker, Pia Daniela. „Die ‚große Gesundheit' als Salutogenese oder Krankheit als Stimulanz des Lebens." In: *Nietzsche – Macht – Größe, hrsg. v. Volker Caysa und Konstanze Schwarzwald,* S. 225–245. Berlin/Boston: de Gruyter, 2012.

Schröder, Stephan F. „Dionysos, der fremde Gott. Feste und Riten in Delphi und Athen." In: *Dionysos. Rausch und Ekstase, Hrsg. vom Bucerius Kunst Forum und den Staatlichen Kunstsammlungen Dresden.* Hamburg/Dresden: Hirmer, 20013/14.

Schüle, Chr. „Apollinisch – dionysisch." In *Nietzsche-Handbuch. Leben – Werk – Wirkung, hrsg. v. H. Ottmann,* S. 187–190. Stuttgart ; Weimar, 2000.

Schulte, Günter. *Ecce Nietzsche: eine Werkinterpretation.* Frankfurt/New York: Campus, 1995.

Schulz, Manuela Helga. *Metaphysische Rebellen. Themengeschichtliche Studien zu Goethe, Byron und Nietzsche.* Würzburg: Königshausen & Neumann, 2010.

Schuré, Edouard. *Die großen Eingeweihten.* München: Barth, 1955.

Schuré, Edouard. *Die Heiligtümer des Orients. Ägypten – Griechenland – Palästina.* Stuttgart: Engel & Seefels, 1991.

Seaford, Richard. *Dionysos (Gods and Heroes of the Ancient World).* Routledge, 2006.

Sellin, Volker. *Einführung in die Geschichtswissenschaft.* Göttingen: Vandenhoeck & Ruprecht, 2005.

Sommer, Andreas Urs. *Nietzsches Kommentar: „Der Antichrist", „Ecce Homo", „Dionysos-Dithyramben" Nietzsche contra Wagner, kommentiert von Andreas Urs Sommer.* Bd. 6/2. Berlin/Boston: de Gruyter, 2013.

Sommer, Andreas Urs. „Philosophie als Wagnis. Festrede aus Anlass der Verleihung des Friedrich-Nietzsche-Preises des Landes Sachsen-Anhalt am 13. Oktober 2012." In: *Nietzscheforschung. Jahrbuch der Nietzsche-Gesellschaft. Wirklich. Wirklichkeit. Wirklichkeiten. Nietzsche über „wahre" und „scheinbare" Welten. Hrsg. v. Renate Reschke*, 20, S. 19–27. Berlin: Akademie Verlag, 2012.

Sorgner, Stefan Lorenz. „Musik und Ethik in Nietzsches ‚Geburt der Tragödie'." In: *Nietzscheforschung*, 13, S. 59–76, 2006.

Sorgner, Stefan Lorenz/Fürberth, Oliber (Hrsg.). *Musik in der deutschen Philosophie. Eine Einführung.* Stuttgart: Metzler, 2003.

Stegmaier, Werner. „Schicksal Nietzsche? Zu Nietzsches Selbsteinschätzung als Schicksal der Philosophie und der Menschheit". In: *Nietzsche Studien*, Bd. 37. Berlin/New York: de Gruyter, 2008.

Steiner, Rudolf. *Anthroposophie, ihre Erkenntniswurzeln und Lebensfrüchte.* GA 78. 3. Aufl. Dornach/Schweiz: Rudolf Steiner Verlag, 1986.

Steiner, Rudolf. *Aus dem mitteleuropäischen Geistesleben.* GA 65. 1. Aufl. Dornach/Schweiz: Rudolf Steiner Verlag, 1962.

Steiner, Rudolf. *Bausteine zu einer Erkenntnis des Mysteriums von Golgatha.* GA 175. 3. Aufl. Dornach/Schweiz: Rudolf Steiner Verlag, 1996.

Steiner, Rudolf. *Biographien und biographische Skizzen.* GA 33. 1. Aufl. Dornach/Schweiz: Rudolf Steiner Verlag, 1967.

Steiner, Rudolf. *Briefe Band II: 1890 – 1925.* GA 39. 2. Aufl. Dornach/Schweiz: Rudolf Steiner Verlag, 1987.

Steiner, Rudolf. *Die Beantwortung von Welt- und Lebensfragen durch die Anthroposophie.* GA 108. 2. Aufl. Dornach/Schweiz: Rudolf Steiner Verlag, 1986.

Steiner, Rudolf. „Die Bedeutung Ibsens und Nietzsches für das moderne Geistesleben." In: *Biographien und biographische Skizzen von Rudolf Steiner.* GA. 33, 1. Aufl. Dornach/Schweiz: Rudolf Steiner Verlag, 1967.

Steiner, Rudolf. *Die Philosophie der Freiheit. Grundzüge einer modernen Weltanschauung. Seelische Beobachtungs-Resultate nach naturwissenschaftlicher Methode.* GA 4. 14. Aufl. Dornach/Schweiz: Rudolf Steiner Verlag, 1962.

Steiner, Rudolf. „Die Philosophie Friedrich Nietzsches als psycho-pathologisches Problem", in: ‚Wiener Klinische Rundschau', Wien, Organ für die gesamte praktische Heilkunde sowie für die Interessen des ärztlichen Standes. XIV. Jahrg., Nr. 30 und 31. In: *Friedrich Nietzsche. Ein Kämpfer gegen seine Zeit.* GA 5. Dornach/ Schweiz: Rudolf Steiner Verlag, 1963.

Steiner, Rudolf. *Die Rätsel der Philosophie in ihrer Geschichte als Umriß dargestellt.* GA 18. Dornach/Schweiz: Rudolf Steiner Verlag, 1914.

Steiner, Rudolf. *Die Welträtsel und die Anthroposophie.* GA 54. Dornach/Schweiz: Rudolf Steiner Verlag, 1966.

Steiner, Rudolf. *Einleitungen zu Goethes Naturwissenschaftlichen Schriften.* GA 1. 4. Aufl. Dornach/Schweiz: Rudolf Steiner Verlag, 1987.

Steiner, Rudolf. *Friedrich Nietzsche. Ein Kämpfer gegen seine Zeit.* GA 5. Dornach/ Schweiz: Rudolf Steiner Verlag, 1895.

Steiner, Rudolf. „Friedrich Nietzsches Persönlichkeit und die Psycho-Pathologie, in: ‚Wiener Klinische Rundschau', Wien. Organ für die gesamte praktische Heilkunde sowie für die Interessen des ärztlichen Standes. XIV. Jahrg., Nr. 37 (auch als Sonderdruck im Verlag Joh. N. Vernay, Wien 1900)." In: *Friedrich Nietzsche. Ein Kämpfer gegen seine Zeit.* GA 5. Dornach/Schweiz: Rudolf Steiner Verlag, 1963.

Steiner, Rudolf. *Geisteswissenschaft als Erkenntnis der Grundimpulse sozialer Gestaltung.* GA 199. 2. Aufl. Dornach/Schweiz: Rudolf Steiner Verlag, 1985.

Steiner, Rudolf. *Gesammelte Aufsätze zur Kultur- und Zeitgeschichte 1887-1901.* GA 31. 3. Aufl. Dornach/Schweiz: Rudolf Steiner Verlag, 1989.

Steiner, Rudolf. *Gesammelte Aufsätze zur Literatur 1884-1902.* GA 32. 2. Aufl. Dornach/Schweiz: Rudolf Steiner Verlag, 1971.

Steiner, Rudolf. *Mein Lebensgang.* GA 28. 8. Aufl. Dornach/Schweiz: Rudolf Steiner Verlag, 1983.

Steiner, Rudolf. *Methodische Grundlagen der Anthroposophie. Gesammelte Aufsätze 1884 – 1901.* GA 30. 2. Aufl. Dornach/Schweiz: Rudolf Steiner Verlag, 1961.

Steiner, Rudolf. *Über Philosophie, Geschichte und Literatur.* GA 51. Dornach/Schweiz: Rudolf Steiner Verlag, 1983.

Steiner, Rudolf. *Ursprung und Ziel des Menschen. Grundbegriffe der Geisteswissenschaft.* GA 53. 2. Aufl. Dornach/Schweiz: Rudolf Steiner Verlag, 1981.

Steiner, Rudolf. *Vergangenheits- und Zukunftsimpulse im sozialen Geschehen*. GA 190. 2. Aufl. Dornach/Schweiz: Rudolf Steiner Verlag, 1971.

Steiner, Rudolf. *Wie erlangt man Erkenntnisse der höheren Welten?* GA 10. 22. Aufl. Dornach/Schweiz: Rudolf Steiner Verlag, 1961.

Steiner, Rudolf. *Wo und wie findet man den Geist?* GA 57. Dornach/Schweiz: Rudolf Steiner Verlag, 1961.

Stiegler, Barbara. *Nietzsche et la critique de la chair. Dionysos, Ariane, le Christ*. Paris: Presses Universitaires de France, 2005.

Stirner, Max. *Der Einzige und sein Eigentum*. Stuttgart: Reclam, 1972.

Stroux, Johannes. *Nietzsches Professur in Basel*. Jena, 1925.

Tatianos (Hrsg. und übers. von Jörg Trelenberg). *Oratio ad Graecos. Rede an die Griechen*. Tübingen: Mohr Siebeck UTB, 2012.

Teichmann, Frank. *Die griechischen Mysterien*. Stuttgart: Freies Geistesleben, 2007.

Tongeren, Paul van. „Nietzsches Hermeneutik der Scham". In: *Nietzsche Studien*, 36, S. 131–154. Berlin/New York: de Gruyter, 2007.

Uxkull, Woldemar von. *Die eleusinischen Mysterien. Versuch einer Rekonstruktion*. Büdingen-Gettenbach: Avalun, 1957.

Vattimo, Gianni. *Friedrich Nietzsche. Eine Einführung*. Stuttgart/Weimar: Metzler, 1992.

Venturelli, Aldo. „Der musiktreibende Sokrates. Musik und Philosophie in der Entstehungsgeschichte der ‚Geburt der Tragödie'." In: *Nietzscheforschung. Jahrbuch der Nietzsche-Gesellschaft*, 13, S. 25–37. Berlin: Akademie Verlag, 2005.

Verrecchia, Analecto. *Zarathustras Ende. Die Katastrophe Nietzsches in Turin*. Wien/Köln/Graz: Böhlau, 1986.

Vogel, Martin. *Apollinisch und Dionysisch. Geschichte eines genialen Irrtums. (Studien zur Musikgeschichte des 19. Jahrhunderts. 6)*. Regensburg: Bärenreiter, 1966.

Volz, Pia Daniela. *Nietzsche im Labyrinth seiner Krankheit: eine medizinisch-biographische Untersuchung*. Würzburg: Königshausen & Neumann, 1990.

Wahl, Volker/Bauer, Joachim/Greiling, Werner/Grisebach, Lucius/Meder, Cornel/Riederer, Jens/Rößner, Alf/Werner, Mike G. (Hrsg.). *Weimar-Jena: Die große Stadt – Das kulturhistorische Archiv*. Themenheft: *Nietzsche in Jena: Beiträge zu Friedrich Nietzsches Krankheit und sein Klinikaufenthalt in Jena 1889/90*. Bd. 1/2011. Jena: Vopelius, 2011.

Watzlawick, Paul/Beavin, Janet H./Jackson, Don D. *Menschliche Kommunikation – Formen, Störungen, Paradoxien*. 12. Aufl. 2011. Bern: Huber, 1969.

Wehr, Gerhard. *Friedrich Nietzsche. Der „Seelen-Errater" als Wegbereiter der Tiefenpsychologie*. Freiburg i. Br.: Aurum, 1982.

Wehr, Gerhard. *Pioniere des Unbewussten. Gründergestalten der Tiefenpsychologie.* Stuttgart: opus magnum, 2013.

Wehr, Gerhard (Hrsg.). *Friedrich Nietzsche. Du sollst werden, der Du bist.* opus magnum, 2012.

Weiher, Anton. *Homerische Hymnen (Tuskulum-Ausgabe).* München: Heimeran, 1961.

Westphal, Rudolf. *Geschichte der alten und mittelalterlichen Musik.* Breslau: Leuckert, 1865.

Wulf, Berthold. *Athen und Ephesus. Von der Geburt des Christentums und der Seele Griechenlands.* 2. Aufl. Freiburg i. Br.: Die Kommenden, 1978.

Yalom, Irving D. *Und Nietzsche weinte.* Hamburg: Ernst Kabel Verlag, 1994.

Zanker, Paul. *Eine Kunst für die Sinne. Zur Bildwelt des Dionysos und der Aphrodite.* Berlin: Wagenbach, 1998.